Un bon petit soldat

Michaël et Mercédès Crépin
avec Caroline Andrieu-Millagou

Un bon petit soldat

Flammarion

ISBN : 978-2-0814-4660-1

À mes enfants, Anthony et Anaïs
À mon défunt papa, Antonio Closa

1

Sarajevo, 1999

Un morceau de tissu cache sa bouche et son menton, ses cheveux tombent sur son front, ses mains pendent de chaque côté de son corps. Il reste planté à vingt mètres du véhicule dont je tiens le volant. J'ai mis le pied sur la pédale de frein, plus rien ne bouge. J'attends les ordres. C'est l'affaire de quelques secondes, pas plus. Il regarde devant lui, vers la voiture. Il a l'air de ne rien voir. Moi, je l'observe. Il se tient droit dans ses vêtements sans couleur, sans forme, ses baskets déchirées sont couvertes de poussière. Il est plus petit que la femme debout à côté de lui. Elle paraît plus agitée. Elle regarde de tous les côtés de la route, elle se tourne vers le bâtiment d'où elle s'est élancée en courant, avec lui. Elle le tenait par la main. Je sais qu'il ne l'aurait pas suivie autrement. Maintenant il voudrait être ailleurs. N'importe où ailleurs. C'est une pensée que je ne me permets pas pour moi-même. Je suis à ma place, dans mon treillis, assis derrière le volant du véhicule blindé léger que l'armée française m'a confié. Je n'ai ni chaud, ni froid. Je n'éprouve ni peur ni courage. Je ne pense à rien, à personne, même pas à lui. Dans ma tête, je verrouille.

Il secoue la tête, sa frange s'écarte. Je n'ai que trois millimètres de cheveux sous mon casque. Ses yeux sont de la même couleur que les miens. Même à cette distance, je les vois. Ils sont d'un bleu qu'on ne rencontre jamais dans cette ville en ruine. Elle est comme dans les films sur la guerre qui détruit ce pays depuis huit ans : partout du béton éclaté, des boutiques dévastées et vidées, des trottoirs déserts. Partout, personne. Je pense à ce qui est bleu dans les villes, quand tout va bien. Le ciel, bien sûr, trop facile. L'eau dans la bouteille. Un logo sur une affiche publicitaire. Les plumes sous le ventre du geai, d'un arbre à un autre, dans un parc. Une jupe de femme, battant ses mollets quand elle marche lentement. Ici tout ne va pas bien. Ici, c'est encore la guerre, et les habitants de la ville ont tout laissé. On parle de populations déplacées. Ceux qui restent courent. C'est le seul moyen d'aller d'un endroit à un autre sans mourir à coup sûr. En plus de la chance, il faut de bonnes jambes. Les snipers guettent. Ils tirent sur tout ce qui bouge. Ils sont serbes, croates, je ne sais pas, je m'en fiche, ils tirent. Leurs représentants ont pourtant signé un accord de paix, à Dayton, Ohio, États-Unis. Théoriquement, la guerre de Bosnie-Herzégovine a pris fin le 14 décembre 1995, il y a plus de trois ans. Il faut croire que tous ne veulent pas la paix. Alors ils continuent de tirer. Lui, immobile, au milieu de la rue, et la femme à côté, la femme qui lui tient de nouveau la main, ne portent pas d'arme. Une chose que je ne sais pas de lui : a-t-il une arme ? Sous son blouson trop large, autour de sa taille menue, y a-t-il une ceinture ? Fera-t-elle *boum* ?

Il a dix ans peut-être. Là-bas à Orange, où je vis, le ventre de ma femme s'arrondit. Je dis « ma femme », mais on n'est pas encore mariés. Engagé dans la Légion étrangère depuis seulement deux ans, je n'ai pas le droit de l'épouser. Je n'ai pas non plus le droit de vivre avec elle dans un appartement, et je n'aurai pas le droit de donner mon nom à mon petit quand il naîtra, dans quelques mois. Aujourd'hui, je m'appelle Albert Chrétien et je suis de nationalité luxembourgeoise. C'est une identité inventée de toutes pièces par l'armée. Albert Chrétien n'a pas d'histoire, pas de passé. Michaël Crépin n'avait rien à cacher, mais il s'est évaporé quand j'ai signé mon contrat. Mes papiers d'avant la Légion sont rangés dans une enveloppe scellée, je pourrai les récupérer quand j'aurai fait mes cinq premières années de service. C'est la procédure : on signe, on devient un autre homme. On se met à la disposition de l'armée française et qu'importe qu'on vienne de la Picardie, comme moi, ou du fin fond de la Russie, on perd le nom de son père et sa nationalité. On est légionnaire. Dans les dortoirs, ça parle toutes les langues, mais sur le terrain les ordres sont donnés en français, et je suis donc bien placé pour les comprendre. J'attends. Lui aussi.

Une poignée de secondes s'est écoulée depuis que ce gamin a planté ses petites jambes maigres devant la voiture blindée, il ne lui en reste peut-être que dix à vivre. Je ne sais pas si je vais avoir une fille ou un garçon. Je ne savais même pas que je voulais un enfant avant que ma femme m'annonce sa grossesse. Sur le moment, je me suis dit que le moment n'était pas forcément bien choisi, mais puisqu'on en était là, je n'allais pas me défiler. Je ne suis pas du genre à me défiler. Quand je m'engage, c'est pour de bon. À la Légion, je sais déjà que je ne me contenterai pas de cinq ans. Comme père, pareil. Quoi qu'il arrive, quels que soient les terrains d'opération où mon métier m'emmènera, je serai pour toujours le père de l'enfant qui naîtra à l'automne. À Sarajevo, c'est le printemps, il fait froid. L'enfant debout devant moi ne tremble pas. Je le regarde, ma mémoire se défend d'enregistrer tous les détails qui le concernent, ses yeux bleus un rien plus sombres que les miens, son pantalon trop long sur ses chevilles, son cou trop fin, ses doigts qui ne font rien. Je verrouille. Mes mains sont un peu crispées sur le volant. Je suis prêt pour les ordres. Je suis prêt, tout le temps, à chaque millième de seconde : ça fait partie de mon métier, j'ai appris à me tenir comme ça, aux aguets, hyper réactif, obéissant surtout. Paré à tout encaisser. Comme le camarade derrière moi, le cavalier porté qui surveille les alentours, et comme le tireur dont le torse dépasse de l'habitacle du véhicule et qui, lui, dans son viseur, doit voir du garçon bien plus de détails que moi.

Nous ne sommes pas là par hasard. Nous avons été choisis et nous avons su apporter la preuve, chaque jour au régiment, que nous sommes dignes de la confiance qu'on nous accorde. À Briançon, avant de partir pour Sarajevo, on a tous suivi un stage de préparation pour apprendre à se déplacer dans les montagnes, dans la neige, vivre dans le froid, construire un igloo pour dormir, reconnaître les endroits où des avalanches sont susceptibles de se déclencher, repérer les pistes et les obstacles pour les combats qui ne se déroulent pas comme en ville. Dans les rues bordées d'immeubles, on avance les uns derrière les autres, toujours par trois, à la queue leu leu. On progresse ensemble. Si le premier s'arrête, les deux suivants assurent sa sécurité. C'est le cas maintenant. Notre petit convoi compte trois véhicules, je conduis le premier. Et devant moi, à environ vingt mètres du capot avant, il y a cette femme et ce gosse. Je ne les vois pas comme une femme et un gosse. Je vois des instruments. Les types qui logent de part et d'autre de la rue, dans les immeubles désertés, derrière les vitres éclatées et les murs criblés d'impacts, voudraient juste qu'on disparaisse pour s'entretuer tranquille. Ils ont envoyé à notre rencontre une menace de mort que nous devons écarter. Nous sommes les empêcheurs de massacrer en rond. Nous sommes là pour débusquer les tireurs, riposter s'ils nous visent, confisquer les armes... Nous devons donc continuer d'avancer, coûte que coûte, mètre après mètre, pacifier la zone, rendre la ville aux vivants. Pas dit que ce gamin grandisse.

Nous faisons partie de la SFOR, les forces de stabilisation mobilisées par l'OTAN. La Légion étrangère participe aux opérations de maintien de la paix, de surveillance, de désarmement et de protection des civils qui dureront jusqu'à ce qu'une paix totale et durable soit garantie. Avant nous, les hommes du 1er REC (régiment étranger de cavalerie), il y avait le 2e REI (infanterie), et nous serons relevés après quatre mois par le 2e REP (parachutistes). J'ai vingt-sept ans, dont deux dans la Légion. Je ne suis déjà plus un bleu. Première classe Chrétien, un patronyme pioché au hasard dans une liste par le bureau de recrutement. J'aimais bien le catéchisme quand j'étais gamin, alors ça me va. Cette femme, ce garçon, je ne sais pas s'ils sont chrétiens ou musulmans. Pour moi comme pour mon « frère » qui tient son doigt prêt à appuyer sur la gâchette, ça ne compte pas. Il n'y a pas de bons et pas de méchants. Pas de bourreaux et pas de victimes. On n'est pas là pour s'intéresser aux raisons qui poussent les hommes à se battre, et les femmes et les enfants à se laisser manipuler par les combattants. Elle, c'est peut-être sa mère. Ou sa sœur. Ou personne.

D'autres frères d'armes sont revenus. Ils n'ont rien raconté. Juste ce qui fait marrer les copains, le soir, aux comptoirs des bars de la rue de la Soif. Les petites frayeurs – pour rien – lors des gardes. Les incidents – sans conséquences – pendant les patrouilles. Les tirs, les morts, les corps étendus sur lesquels ils ne laissaient pas traîner leur regard, parce que c'étaient peut-être des femmes comme leurs femmes, et des gamins comme leurs gamins, et qu'il valait mieux ne pas chercher à savoir. Ils se sont vantés gentiment. Ils ont dit : « On a fait Sarajevo », et comme je le ferai dans quelques mois, ils ont accroché sur leur tenue de parade la médaille commémorative de l'ex-Yougoslavie. Ils ont dit, bravaches : « Ah c'est sûr, la Yougo, c'est pas le Club Med ! » Rien de plus. Ce sont des guerriers. Ils se sont conduits fièrement, exactement comme je le ferai. Ils ont bombé le torse, et la façon dont ils ont relevé le menton a délivré son message : « Même pas mal. » Je suis sûr que certains font des cauchemars, comme j'en ferai. Ils n'en ont parlé à personne, et je me tairai aussi. On n'oblige personne à partir. Il arrive que des gars fassent savoir qu'ils ne se sentent pas à la hauteur, qu'ils ont peur, tout simplement. Sur le terrain, ils deviendraient dangereux, peut-être. Il vaut mieux qu'ils restent en France. On les met à l'écart. Un légionnaire ne craque jamais devant ses frères d'armes. Entre nous, c'est comme ça : pas de place pour les faibles. La sensiblerie n'a rien à faire parmi nous, c'est un poison qu'on renifle de loin et qu'on ne laisse pas entrer dans le régiment. Le porteur du virus, on le tape. Il se décourage, il dégage, tant mieux. On reste entre hommes.

Je me fous bien de savoir s'il va mourir dans une seconde, ce gamin debout devant moi. Il n'existe pas. Je verrouille. Le cœur, la réflexion, je cadenasse, c'est mieux pour moi. Je ne pense pas à sa souffrance, ni à celle de la femme qui ne lâche pas sa main, ni à celle des dizaines de milliers de morts de cette guerre à laquelle je ne pige rien. Je pense à mon frère tireur, exposé malgré son gilet, son casque et son arme, je pense que l'ordre doit être le bon pour que nous puissions tous poursuivre notre mission de « stabilisation », ou, si c'est impossible aujourd'hui, au moins rentrer vivants jusqu'au camp. On l'appelle Rajlovac, il est situé à une dizaine de kilomètres de Sarajevo, sur une ancienne base militaire reconvertie en usine de production de moteurs pour l'aviation. C'est une véritable ville, mais une ville juste pour nous, parfaitement étanche, avec son infirmerie, ses bars, ses restaurants, ses boutiques même... On l'a découvert de nuit, après y avoir été héliportés depuis l'aéroport, nous y avons vécu pendant quelques jours, à étudier les plans de la ville, à préparer nos véhicules, avant de sortir pour les premières patrouilles. Nous avons vu alors Sarajevo telle que dans les vidéos qu'on nous avait projetées au régiment avant le départ, et nous n'avons pas été surpris. Dehors comme dedans, nous avons pris notre place dans la chaîne internationale. À Rajlovac, on vit entre Américains, Allemands, Belges notamment – rien que les meilleures troupes des armées de chaque pays participant, avec ses spécialités (le déminage, l'artillerie...), ses véhicules, son armement. Ce soir, on boira un coup, et sûrement plus, on mettra de la musique, on dansera, on jouera aux fléchettes ou au billard, on boira un coup encore, le dernier coulera tard dans nos gorges. On sera ensemble, ça nous suffira pour décompresser. Les Allemands, moins aguerris que nous physiquement, nous regarderont ingurgiter des bières sans que nos corps s'alourdissent comme les leurs. Nous ne leur parlerons pas de nos entraînements quotidiens, en France, quand nous ne sommes pas en opération : ils savent déjà. La Légion, c'est mythique. Quand j'étais gamin, je ne faisais pas beaucoup de sport. À dix ans, je ne devais pas être beaucoup plus épais que celui-là, immobile à vingt mètres du capot. Je n'étais pas non plus très heureux. Ça tapait dur à la maison. Je rajuste mon casque, je n'y pense pas. Le gamin que j'étais n'existe plus.

Sa mère, sa sœur, qu'est-ce que j'en sais ? Est-ce que ça compte ? Le gamin que j'étais n'a pas vu sa mère depuis deux ans, et ne la reverra plus. Malgré l'interdiction d'entrer en contact avec ma famille, j'ai passé quelques coups de fil à la maison. Une fois je suis tombé sur mon père, et ce n'était pas à lui que je voulais parler. Lui non plus n'avait rien à me dire. Il a raccroché. Peu avant Sarajevo, j'ai eu ma grand-mère au téléphone : « Ta mère est malade, un cancer du sein. Viens la voir, elle te réclame. – Je ne peux pas maintenant. Je pars en Yougoslavie. À mon retour, peut-être. » À mon retour ce sera trop tard : le cancer aura grignoté du terrain dans le corps de ma mère et l'aura emportée. Je ne lui ai pas dit au revoir. Je ne lui dirai jamais au revoir, ni merci de m'avoir aimé autant qu'elle le pouvait. Ce gamin au milieu de la route, avec peut-être une ceinture d'explosifs autour de la taille, ce gamin, dont la vie ne vaut rien pour les types qui l'ont envoyé là, a-t-il une mère quelque part ? J'ai peine à croire que c'est elle, la femme debout à côté de lui, le souffle court, elle aussi bardée de poudre peut-être ?

Je ne suis pas ici par hasard. Je ne porte pas l'uniforme de la Légion étrangère par accident. Je ne suis pas le fils sur lequel ma mère malade peut compter, mais je suis un frère pour les gars embarqués avec moi dans ce véhicule blindé léger comme pour les six autres gars dans les voitures derrière nous. J'ai souvent fini parmi les premiers dans les épreuves physiques les plus exigeantes. J'ai mis mon caractère indépendant au placard et j'ai bien intégré l'importance de la cohésion du groupe. Nous sommes déjà passés dans la rue des snipers. Elle est dégagée. Les Américains ont fait du bon boulot. Mais on sait que les combattants nous guettent en permanence depuis les tours et même au milieu de la route sous la forme d'IED, ces engins explosifs improvisés qu'ils glissent sous le bitume – ou ce qu'il en reste – avant notre passage. On guette la moindre irrégularité de la route, on ne progresse que quand on est sûrs de nous. L'autre jour on a essuyé des tirs. En tant que conducteur, j'ai eu quelques secondes de paralysie. J'ai écouté les déflagrations à l'extérieur, en un instant j'ai réalisé qu'étant à l'abri du blindage la mort resterait ce jour-là encore une idée abstraite. L'ordre est arrivé dans le casque : « On se replie sur 200 mètres. » Un peu plus tard : « On dégage. » Trois secondes ont passé depuis que cette femme et ce garçon se sont arrêtés à vingt mètres de nous. Trois secondes, pas plus.

Dans la Légion, nous avons une petite phrase qui résume notre art du combat : on s'adapte, on improvise, on domine. Parfois, l'ordre dans le casque, c'est tout simplement : « On fonce ! » Quoi qu'il arrive, de retour au camp, nous entendrons un nouvel ordre, « silence, secret défense », et donc nous nous tairons. Nous boirons des coups. Nous jouerons au billard, au baby, nous irons jusqu'à nous battre pour en rire ensuite, parce qu'il n'y a rien d'autre à faire. À chaque instant de notre vie au camp, en patrouille dans Sarajevo, de retour au régiment et jusque dans nos têtes, c'est comme ça que nous agissons : en silence.

Je ne suis plus un fils, pas encore un père, je suis soldat, légionnaire, fier de l'être. J'obéis aux ordres. La femme crie quelque chose que je n'entends pas. Le garçon lève pour la dernière fois les yeux vers le ciel. J'obéis aux ordres, je fais mon métier.

2

Il faut parler

Presque vingt ans plus tard, j'en ai vu d'autres. Des pays. Des conflits. Des morts. Des gosses. Yougoslavie, Côte d'Ivoire, Afghanistan. Dans ma tête c'est comme dans un flipper. Les souvenirs arrivent n'importe quand, rappelés par je ne sais pas quoi, ils rebondissent dans tous les sens, ils s'emballent. Je ne les contrôle pas. Je ne me contrôle pas moi-même. Mon rythme cardiaque accélère, je suffoque, je transpire à grosses gouttes, ou je tremble au contraire. Pour un rien je panique. Je souffre de stress post-traumatique, dit SPT, un syndrome psychique particulièrement handicapant qui ne me lâche même pas dans mon sommeil. Le diagnostic a été posé par une femme médecin de l'armée, après quoi j'ai poursuivi ma carrière autant que j'ai pu. Un jour j'ai craqué. J'ai été en arrêt maladie de longue durée pendant deux ans et demi, puis j'ai pris ma retraite. J'ai fini ma vie à la Légion. Et la Légion en a fini avec moi. C'est ça qui me mine, peut-être autant que la maladie dont je ne guéris pas vraiment malgré le temps et l'amour de Mercédès, ma seconde épouse. À part ma mère, dans ma vie d'avant, il n'y avait personne dont j'aie envie de me souvenir. Mais le rejet de ma famille, la seule, la vraie, celle de l'armée, je n'arrive pas à l'encaisser. Mes frères d'armes étaient mon sang. Rayé des rangs de la Légion, c'est comme si on avait arraché du livret de famille la page où je figurais. Il me reste des photos, sur la cheminée. C'est le 14 Juillet, je défile sur les Champs-Élysées, en uniforme, avec mes épaulettes, mes médailles sur le cœur, mon képi blanc. Les gens applaudissent. Je suis légionnaire.

Au retour de Sarajevo, franchement, j'étais bien. Je faisais des cauchemars parfois, pas toutes les nuits, et je me disais que c'était normal parce qu'en effet, je ne revenais pas du Club Med. Je ne me demandais pas si ce qu'on avait fait là-bas avait servi à quelque chose. Ce n'était pas une question pour moi, ni pour personne au régiment. On nous avait ordonné d'y aller, on l'avait fait, c'est tout. On avait croisé la mort. Les cadavres sur les bords des routes : la routine. Les tombés parmi les hommes, le métier. Je me concentrais sur mon travail, je pensais à mon petit qui allait bientôt naître, j'adorais ma vie parce que je l'avais choisie. Je ne travaillais pas à la ferme, comme mon père, et plus à l'usine. Je dormais dans un lit, et plus dans ma voiture... J'étais fier d'avoir été pris dans la Légion, fier d'avoir prouvé que j'avais les capacités à tenir mon rang, à me battre, et même à me taire, donc.

On fait la guerre, on se bat pour rétablir la paix, on assure aux populations civiles menacées un minimum de sécurité. Dans le meilleur des cas, on rentre avec la sensation du devoir accompli, et on passe à la suite. Dans le pire des cas, on meurt sur place. Et entre le meilleur et le pire, il y a le syndrome post-traumatique. On n'est plus soi. On ne se reconnaît plus. Nos proches ne nous reconnaissent plus. Il arrive alors qu'on les perde, pour toujours. Je connais le cas d'un militaire de l'armée de terre qui souffre de dépression depuis son retour de la guerre de Bosnie-Herzégovine. Quatre ans avant moi, il est allé à Sarajevo, pendant le dur du conflit, sous les bombardements. Il est entré dans un bâtiment, la poussière était à peine retombée. Il y avait des enfants. Tous morts. Il a ramassé des morceaux de petits corps, des têtes, des bras, des pieds encore chaussés. La seule famille qu'avait connue cet homme avant la Légion, c'était la Ddass, autant dire qu'il avait toujours été terriblement seul jusqu'à ce que l'armée lui donne une place. Mais à son retour, il n'a plus été capable de se comporter normalement au régiment, ni chez lui, auprès de sa femme. Il a commencé à boire, divorce, isolement... Pendant des mois, il a même dormi dans un parc, seul comme un chien. Ces enfants le hantaient. N'avoir pas pu les sauver le hantait. Aujourd'hui encore, il ne supporte pas que ces enfants n'aient droit à rien d'autre que le silence. Lui, il a rassemblé leurs petits membres dans des sacs en plastique, mais pour le monde entier, c'est comme s'ils n'avaient jamais existé. Face à l'horreur, on se conduit en soldat : on verrouille. Quand on peut, et tant qu'on le peut. Est-ce qu'on est faible parce qu'il nous arrive de craquer ?

MON FILS EST NÉ le 29 septembre 1999. Nous l'avons appelé Anthony. Dans ma tête, c'est comme j'ai dit : je suis son père, à vie. Mais je ne le connais presque pas. Ma vie de légionnaire m'a éloigné de lui. Je pense qu'il ne sait pas pourquoi, ni comment. Je pense même qu'il a gardé de moi une image d'homme fracassé, violent, complètement à côté de la plaque. Je ne peux pas lui en vouloir. Quand je l'ai vu, la dernière fois, je rentrais juste d'Afghanistan. J'avais ramassé des morceaux de corps, à mon tour, et la mort m'avait envoyé en pleine tronche un sérieux avertissement. J'étais comme ce militaire après la Bosnie-Herzégovine : sidéré. Je n'ai pas su l'exprimer. On ne me l'a pas demandé, ça tombe bien, puisque j'en aurais été incapable. « Silence, secret défense. » D'accord, mais l'écho, en dedans ?

On verrouille. Les émotions, on les tient à distance, derrière le mur du silence. Mais vient un jour où elles traversent le mur, elles nous explosent à la face, d'un coup, et comme on ne les a pas vues venir, elles frappent avec une violence dingue. Alors on va consulter le psychiatre de l'armée. Il nous prescrit des médicaments et du repos. Mais les dégâts sont irréparables. On ne redeviendra jamais le soldat qu'on a été. Et le pire, pour la plupart d'entre nous, c'est qu'on ne sera même plus jamais soldat tout court. Longtemps j'ai cru que le silence me convenait. Je n'aime toujours pas parler de moi à la première personne. Dire « je » n'est pas naturel pour un soldat. « On » vient plus facilement. Parce qu'on vit tous des choses semblables au cours d'une carrière, parce qu'on les vit ensemble, et parce qu'on en garde tous plus ou moins les mêmes images, les mêmes impressions, les mêmes blessures. Parce qu'on ne se plaint pas, parce que c'est mal vu de se plaindre, parce qu'alors on passe pour un faible. Ou pire, pour un malade. Au regard des autres, dire « j'ai mal », c'est tomber bien bas. Je ne l'ai pas dit, toujours pas. Plus tard, dans ce livre, peut-être, plus loin dans les pages...

J'ai passé vingt-deux ans dans la Légion, et c'est ce dont je suis le plus fier dans ma vie. J'ai fini ma carrière caporal-chef, un niveau de grade modeste mais le plus haut parmi les militaires du rang. J'ai eu la possibilité de passer le concours pour devenir sous-officier. C'était peu après la naissance d'Anthony, j'ai préféré regarder mon petit bonhomme grandir plutôt que potasser les cours, et puis j'aimais le contact proche des hommes du rang. Je me sentais utile auprès d'eux. Après tout ce qui m'est arrivé, je pense parfois que ma vie aujourd'hui serait moins difficile si j'étais devenu sous-officier. J'aurais une retraite plus importante d'abord, davantage de possibilités de reconversion dans le civil, et sans doute que je ne serais pas assailli par ces images d'horreur, à tout moment, à cause d'une odeur, d'un bruit, d'une silhouette barbue. Il est probable que je ne souffrirais pas d'un syndrome post-traumatique de guerre puisque j'aurais été de ceux qui donnent les ordres, à l'arrière, dans le casque, sans aller me frotter en personne aux situations les plus dangereuses. Est-ce que je regrette pour autant ? Non. Parce que mon parcours a du sens, celui que je vais lui donner avec ce livre.

LA LÉGION, L'ARMÉE en général, ne fait pas que du bien à ses hommes. Bien sûr, on est volontaire. Bien sûr, on s'engage pour devenir des soldats, et pas animateur de colo. On le sait, on signe en connaissance de cause. On n'en reste pas moins des hommes, pas des machines. Et quand on a servi son pays, on est en droit de demander un minimum de reconnaissance et de respect de la part de sa propre famille. C'est ce combat que je veux faire progresser ici.

La dernière fois que j'ai tapé « stress post-traumatique » dans un moteur de recherche sur Internet, je suis tombé directement sur le site de la Défense. C'était le premier, en haut de la liste ! Ça m'aurait fait rire si je ne savais pas que l'armée française rechigne parfois à reconnaître les souffrances de ses hommes blessés psychiques en opération extérieure. Dans le récit que je vais faire ici, je veux qu'on puisse lire le parcours de ces centaines de frères qui me contactent sur les réseaux sociaux pour se sentir moins seuls depuis que l'armée les a exclus. Je veux pouvoir les convaincre tous, et convaincre la société française tout entière, que nous ne sommes pas la honte de la nation sous prétexte que nous ne sommes plus aptes à endurer – en silence – les situations d'horreur que les hommes sont capables de créer dans le monde. J'ai des idées pour aider mes frères à relever la tête. Pour commencer, je sais ce qu'il faudrait : parler. Facile à écrire, comme ça, noir sur blanc, mais pas si facile à faire. Quand on a été habitué à se taire depuis toujours – souvent depuis bien avant son engagement dans le cas des légionnaires –, l'ordre de silence finit par être inscrit dans son ADN. Pour moi, l'injonction au silence est arrivée très tôt, de la bouche de mon père. Dans la Légion, même entre frères, on ne se raconte pas beaucoup nos vies. Ma deuxième épouse, Mercédès, qui me soutient face à la maladie, m'a poussé à tout dire. C'est en m'écoutant parler que j'ai compris quel légionnaire j'ai été, et quel homme je suis aujourd'hui.

3

Mes racines

Quand Anthony est né, j'étais affecté au 1er régiment étranger de cavalerie à Orange en tant que pilote de char AMX-10 RC. Comme je l'ai dit, à ce moment de ma carrière, je n'étais pas censé avoir une vie en dehors du régiment, je n'ai pas demandé à faire une pause pour aller assister à la naissance du bébé... Mais le soir, quand j'ai fini le boulot, je suis parti le plus vite possible, je suis passé par le magasin de jouets sur le chemin de la maternité, et le panda en peluche que j'ai apporté à mon bébé était tellement gros qu'il entrait à peine dans la chambre. Je ne pense pas que mon père ait eu la même attention pour moi.

Ce n'est pas important. Il y a plein d'autres façons de montrer à son gamin qu'on l'aime et qu'on est fier de lui. Il se trouve que mon père n'en a inventé aucune, au contraire. J'ai fait avec. Pas le choix. Comme dans la Légion, quand on grandit avec un père qui voudrait être ailleurs, on s'adapte, on improvise et on avance.

Je suis né en 1972, dans la Somme, et j'ai passé toute mon enfance dans le village d'Aubigny, ce qui fait de moi un pur Picard. Mes plaisirs, je les trouvais dans la nature : dans la contemplation des forêts épaisses et des champs agricoles, couleur terre l'hiver et jaune-vert flamboyant aux beaux jours. Les paysans y cultivent la pomme de terre, la betterave, le colza, le blé. Il n'y a que les nuages gris pour boucher l'horizon. Le canal passait en bas du petit pavillon de mes parents. Comme une anguille, il tortillait à travers les maisons en briques rouges du village. C'est là que j'ai appris à pêcher, tout gamin, avec mon grand-père maternel, Amédée, un homme grand, les cheveux poivre et sel et les yeux bleus, comme moi, costaud, toujours vêtu d'un marcel blanc, quels que soient le temps et la température. Il allait partout à vélo, en toute saison : il me transportait sur son porte-bagages, ou bien on s'asseyait à deux sur la selle pour rendre visite à l'un de ses copains dans le village ou pour aller au café quand il avait envie de prendre sa « rincette ». Il m'a transmis sa passion pour la pêche, et le savoir-faire aussi : comment bien pêcher en respectant le poisson. Le taquiner, oui, mais pas le massacrer ! Plus tard, quand j'ai eu douze ans environ, je me réfugiais au bord du canal pour oublier ce qu'il se passait à la maison... Je tenais mon matériel toujours prêt et dès que je le pouvais, je détalais comme un lapin avec ma canne et mon seau pour aller appâter le gardon, la brème, le carassin... Je me moquais bien du temps qu'il faisait : pluie, vent, soleil, fixer le bouchon des yeux pendant des heures me permettait de me vider le cerveau. L'eau du canal lavait mes peines... Soumis à la maison, au bord du canal je menais la danse avec la poiscaille ! Et même si je rentrais bredouille, le sentiment de liberté que j'éprouvais dehors était nécessaire, et même vital, pour continuer à encaisser.

Ma mère, Marie-Hélène, n'était pas de taille à me protéger. Elle avait rencontré mon père à seize ans, au bal du village, elle était tombée enceinte tout de suite et ses parents lui avaient juste dit de se trouver un travail... Alors elle m'avait porté, mis au monde, et elle avait dégoté un boulot en effet. Elle était « fille de salle » à l'hôpital de Corbie. Elle faisait le ménage dans les blocs opératoires, les chambres, les couloirs... Comme elle n'avait pas encore le permis de conduire, bien sûr, elle partait travailler à mobylette. Aujourd'hui je me rends compte qu'elle avait du courage pour braver le climat picard – froid, pluie, brouillard... – et elle rentrait souvent tard le soir après le boulot, y compris les samedis et dimanches. Pendant son temps libre, elle lisait des livres sentimentaux. Toute la collection Harlequin y est passée. Elle dévorait les mots des yeux comme on engloutit chez nous une assiette de chicons au jambon ! Et elle pleurait, mais elle versait des larmes qui ne m'inquiétaient pas. Elle était plus heureuse alors qu'à n'importe quel autre moment. Elle vivait des histoires romantiques par procuration, parce qu'elle croyait en l'amour, le vrai, celui qui unit deux personnes à jamais, celui qui se montre chaque jour, celui ou la trahison n'a pas sa place, tout ce qu'elle ne connaissait pas avec son mari.

Ma mère parlait peut-être encore moins que moi. Ce que je sais d'elle, je l'ai deviné en la regardant vivre. Si elle travaillait beaucoup, c'était peut-être aussi pour échapper à mon père qui, pourtant, était rarement à la maison. De fait, nous étions elle et moi, elle la mère et moi son fils, le vrai couple, et j'ai très vite compris qu'elle plaçait en moi une confiance totale pour la seconder quand elle travaillait. À huit ans, je faisais la lessive, la poussière, je passais la serpillière ; à neuf ans j'ai su faire cuire des pâtes et des œufs au plat. Évidemment, pour les devoirs, je me débrouillais tout seul. Autant dire que je ne me fatiguais pas beaucoup sur mes cahiers... Je voulais surtout être à la hauteur de la confiance de ma mère, ne jamais la décevoir. Sans le savoir, elle me formait à la discipline du soldat responsable et obéissant que je serais plus tard. Celui qui ne remet pas les ordres en question, et qui accepte son sort sans se lamenter.

Un jour, elle a décidé de se présenter au concours d'aide-soignante... Elle a eu envie de ranger les seaux et les serpillières pour s'occuper des malades directement, pour les aider à traverser la maladie, pour soulager leurs souffrances. Tout à coup, moins de romans, plus de musique, mais des classeurs, des livres d'études, des fiches partout sur la table de cuisine, sur la table de la salle à manger, pour préparer son concours. Je l'ai souvent aidée, à sa demande : c'est moi qui lui faisais réciter ses leçons. On était très complices durant tous ces mois de révisions... J'avais douze ans, elle vingt-huit. Nous étions comme deux amis qui révisaient leurs leçons ensemble, l'âge n'avait plus d'importance. Elle a réussi son concours un an plus tard... Puis, l'année suivante, elle a enfin passé son permis de conduire. J'étais fier d'elle ! Je ne me souviens pas que mon père l'ait félicitée. Il vivait sa vie de son côté, entre son travail de conducteur d'engins agricoles dans le grand corps de ferme voisin, et ses sorties, qui duraient parfois plusieurs jours, sans qu'on sache où il partait ni quand il reviendrait. C'est terrible à dire, mais même quand il était parmi nous, même quand il ne buvait pas et qu'il ne faisait rien de particulier, il était comme un étranger pour nous. Ma mère l'avait aimé, c'est sûr, à seize ans, puis elle s'était résignée à vivre avec lui. Dans les milieux simples, il y a quarante ans, ça se passait souvent comme ça : les femmes quittaient rarement leur mari.

Et les enfants encaissaient les coups sans se plaindre. Et les grands-parents, les oncles, les tantes, jusqu'aux maîtres d'école, n'intervenaient pas dans ce qui relevait, jugeaient-ils, de la vie privée des familles. Entre les pays, il existe le droit d'ingérence. Dans nos campagnes, il y a quarante ans, l'ingérence n'était ni un droit ni un devoir. Quand mon père en avait assez de sortir, quand il voulait juste être chez lui, au chaud, pour boire, il alignait les anisettes et son regard s'embrumait au fil des heures. Je ne pouvais pas quitter la maison. Sous aucun prétexte. Même à douze, treize ans, alors que ma mère travaillait en horaires décalés et ne rentrait jamais avant vingt-trois heures passées, je devais être de retour dix minutes après la fin des cours au collège et effectuer les corvées ménagères. Tant pis si j'avais envie de jouer au foot ou d'aller pêcher, je m'exécutais sans broncher. Voici comment je voyais les choses : les tâches étaient réparties de façon égale entre ma mère et moi. Nous étions forcés de vivre avec un rustre, nous n'avions pas d'autre choix que de nous adapter. C'est ce que je faisais, en serrant les dents, en guettant la phrase haineuse dans la bouche de mon père, celle qui m'alertait du danger. J'avais souvent vu sa main se lever. Je me souviens de la première fois où elle est tombée sur mon visage. Il se plante devant moi, il me fixe froidement... Je ne bouge pas, j'attends, je pense qu'il va me dire quelque chose. En effet :

— Bâtard !

Et dans la seconde qui suit, il me gifle. Droite, gauche, un aller-retour qui me choque plus qu'il ne me blesse physiquement. Mais il recommence. Encore et encore. Sa main épaisse, large, rugueuse, et puissante aussi, m'écrase de toute sa violence. Je finis par terre, incapable de réagir. Et cette soirée est devenue un rituel... Au début, je n'ai pas compris pourquoi il me giflait. Je ne voyais tout simplement pas ce que j'avais fait pour mériter les coups. Après tout, je répondais à toutes les attentes de mes parents. Je ne désobéissais jamais, je faisais de mon mieux au collège et à la maison. Je me posais mille et une questions, toutes restaient sans réponse. Puis mon père a refermé ses mains et c'est avec ses poings qu'il m'a battu. Alors j'ai compris. En fait, c'était simple : c'était un ivrogne que l'alcool rendait mauvais. Il avait un fils, grand, presque aussi grand que lui en fait, mais effacé, d'un caractère doux, on pourrait même dire soumis : il avait fait de moi son punching-ball. Il déchargeait sur moi toute son agressivité, sa frustration. Je crois même qu'il s'agissait de haine... D'où venaient les sentiments qui le rendaient tellement hargneux, je l'ignorais, et je ne cherchais pas trop à le comprendre. Je n'étais qu'un gamin, pas un psy.

À PARTIR DE CE MOMENT-LÀ, je me suis mis en mode survie. Je guettais les signaux d'alarme et je réagissais en conséquence. Dès que mon père sortait un verre et qu'il posait sur la toile cirée la bouteille de pastis, je commençais à guetter chez lui les premiers gestes d'énervement. Et dès que je le jugeais nécessaire, si possible avant que tombe le premier coup, je m'échappais.

Au début, la peur au ventre, j'allais m'enfermer dans ma chambre. Je fermais ma porte à clé, je m'y adossais et je m'efforçais de reprendre ma respiration le plus vite possible. J'ai rapidement appris l'attitude de remise en condition dans l'urgence. Pendant des heures, s'il le fallait, je restais là, silencieux, sans bouger, et j'attendais patiemment qu'il cesse de se lever, de se rasseoir, de se resservir, de maugréer, de gueuler :

– Michaël, sors de là ! Morveux, minable, bâtard !

Quand plus un bruit ne trahissait sa présence dans la maison, je déverrouillais ma porte et je sortais, sur la pointe des pieds, au cas où… Mais ça ne manquait jamais : je le trouvais dans la cuisine, la tête écrasée sur la table, la bouteille vide à côté de lui. Quand ma mère rentrait du travail, je n'avais rien à dire. Elle constatait par elle-même qu'il était ivre mort. Nous le prenions chacun sous un bras, et son corps de brute pesait lourd pour nous. Nous le portions, ou plutôt nous le traînions, jusqu'au lit qu'il partageait toujours avec ma mère.

S'il m'avait frappé, je ne le dénonçais pas. Est-ce que ma mère le voyait ? Est-ce qu'elle s'en doutait au moins ? Aujourd'hui encore, je l'ignore. Mais il est certain qu'elle n'a jamais dit un mot à ce sujet. Elle ne m'a jamais questionné. Elle ne m'a jamais demandé pardon pour m'avoir laissé avec cet homme qui ne pensait qu'à boire et se comportait comme un animal. Un soir, je n'ai pas réussi à quitter la pièce assez vite. Il m'a attrapé, il m'a frappé plus durement que jamais, et m'a laissé sur le carrelage de la cuisine, assommé. J'aurais aussi bien pu être mort. En fait, je suis revenu à moi à une heure assez avancée de la nuit. J'ai vu le sac à main de maman dans l'entrée, son manteau, ses chaussures. Il n'y avait pas un bruit dans la maison. Les lumières étaient éteintes. Ma mère était rentrée de l'hôpital et elle était allée se coucher. Il faut croire qu'elle n'avait pas eu soif avant d'aller dormir. Elle n'était pas venue se servir un verre d'eau au robinet. Elle n'avait pas eu à enjamber mon corps étendu sur le sol. J'ai gagné mon lit en prenant soin de ne pas faire de bruit. Je ressentais encore des élancements sous mon crâne. Je ne savais pas s'ils étaient dus aux coups que j'avais reçus ou à la colère que j'éprouvais vis-à-vis de mon tortionnaire. Je me souviens que je me suis endormi en fantasmant une fuite : j'étais légionnaire, je portais beau dans mon uniforme, je partais faire la guerre à l'autre bout du monde, j'avais des frères.

J'en avais un, dans ma chambre : David Hallyday, mon idole. J'avais placardé les murs de ma chambre de toutes les photos de lui que je trouvais dans les magazines que lisait ma mère. Il a été le seul témoin des moments douloureux de ma jeunesse, le seul compagnon de mes peurs de gamin, de mes angoisses... Au collège, les copains me disaient qu'il me ressemblait, ou que je lui ressemblais, moi, c'était selon. Mêmes yeux bleus, même blondeur, même silhouette mince... J'aimais bien qu'on nous compare. J'écoutais ses chansons avec ma mère, les paroles me parlaient, particulièrement celles-ci : « Comme une porte qu'on claque, Une lumière qu'on éteint, Non, je ne te dirai rien, Souvent les mots sonnent plus lâches, Que les silences qu'on retient... » Je retenais surtout mes cris quant à moi. Je retenais mes confidences. Personne, parmi les amis, n'a su la peur que m'inspirait mon père quand il buvait. Il a fini par faire sauter le verrou de ma chambre. Et moi, j'ai fini par trouver une autre solution de repli : la cour, puis la rue. Je sautais par la fenêtre avant que mon père ne m'attrape et je me cachais dehors, n'importe où. Je restais là le temps que l'alcool fasse son effet et que mon bourreau s'écroule. L'hiver il faisait froid, j'étais mal habillé, je ne trouvais pas toujours une maison où m'abriter – mon grand-père était mort et j'aurais eu trop peur que mes oncles me renvoient chez moi. J'imagine que physiquement aussi je me suis endurci.

Quand j'ai eu dix-sept ans, ma mère m'a confié qu'elle ne s'entendait plus depuis longtemps avec son mari, mon cher père... Le pire dans tout ça, c'est qu'elle ne le quittait pas « pour moi » ! Elle attendait que je fasse ma vie pour prendre alors la décision de divorcer. Durant toutes ces années, je ne me déshabillais que dans le périmètre de ma chambre et dans la salle de bain. Mon corps était couvert de taches bleues, jaunâtres, sur mes bras, mon torse, mon ventre. Ni vu ni connu... Pas vu pas pris, le père !

— Bâtard. Si j'avais eu une fille... Mais c'est toi qui es là. Bâtard.

Heureusement qu'il n'a pas eu de fille... Sur le ton de la blague, lors d'un repas familial, il a parlé de m'échanger contre ma cousine... Tout le monde a rigolé. Bien sûr, tout le monde avait un peu trop bu, mais la plaisanterie ne m'a pas amusé une seconde. Il y a quelques années, mon oncle et ma tante ont finalement reconnu, en présence de Mercédès, qu'ils se doutaient bien que mon père était violent et qu'ils auraient dû réagir face à lui, prendre ma défense contre lui, puisqu'ils savaient, dans le fond... Les entendre ne m'a fait aucun bien. Au contraire. Je leur pardonnerais plus facilement de m'avoir laissé avec cette brute s'ils n'avaient rien su. Mercédès aussi était très choquée. Mais ils ont fait ce qu'ils pensaient juste à l'époque. Tant que j'étais petit, ils me gâtaient presque autant qu'ils gâtaient leur fille. Dommage pour moi, je n'étais que leur neveu.

Je n'aime pas fêter Noël. Je me souviens de celui de mes treize ans. Nous étions réunis, les parents, leurs frères et sœurs, les cousins et les cousines.

Les cadeaux s'étalaient au pied du sapin. La coutume voulait qu'on les ouvre après le repas. Ce soir-là, il n'y en avait pas un seul pour moi. J'ai pensé : à la maison, alors, quand on rentrera tout à l'heure ? Non plus. J'ai espéré : demain matin, au réveil ? Pas davantage… Ce Noël sans le moindre petit cadeau a sonné le glas de mon enfance. Ni ma mère, ni mes oncles et tantes ne se sont émus de la situation. L'été, je travaillais dans l'exploitation agricole qui employait mon père et mon oncle, ce n'est pas moi qui touchais mon salaire, je m'écrasais. Au collège, je faisais ce que je pouvais mais je me sentais handicapé : comme j'étais gaucher, on m'avait appris à écrire de force avec la main droite en m'attachant la gauche dans le dos. Je m'étais adapté, bien sûr, bien obligé, mais j'étais plus lent que les autres. De toute façon, que ce soit à l'école ou à la maison, je ne rêvais que de désertion.

Pendant des années encore, j'ai esquivé les coups. Puis je les ai rendus. Je venais d'avoir dix-huit ans. Un soir, alors que je rentrais discrètement par l'escalier du sous-sol, j'ai surpris mon père en train d'étrangler ma mère. Il l'avait collée contre le mur du couloir, il la soulevait, à bout de bras. J'ai vu que la joue de ma mère saignait, il avait dû frapper fort... Je n'ai pas réfléchi, je lui ai sauté dessus et lui ai rendu ses coups de plusieurs années... Je l'ai frappé avec toute la rage que je gardais en moi depuis trop longtemps. Il est tombé à terre. Si ma mère ne nous avait pas séparés, je l'aurais peut-être tué. Finalement il a crié :

— Barre-toi ! Ne reviens jamais ici !

La sentence était tombée. J'ai vu le visage de ma mère, terrifiée, plus pour moi que pour elle-même, j'en suis sûre. Elle tremblait de tout son corps... Elle m'a demandé – ou peut-être plutôt conseillé – de quitter la maison. J'ai pris quelques affaires dans ma chambre et suis parti avec ma voiture, une vieille guimbarde que je m'étais achetée, tout seul : en grandissant, j'avais obtenu de ne plus confier l'intégralité de mon salaire de la ferme à mes parents. Je suis allé me garer sur un chemin, dans la forêt. J'y suis resté des semaines, puis je me suis organisé pour vivre plus décemment, par périodes au moins... J'ai continué de voir ma mère, en cachette, et je n'ai jamais compris pourquoi elle ne quittait pas son mari. Puisque je n'étais plus là... J'avais découvert qu'il voyait une autre femme. Je n'avais pas le cœur de le dénoncer auprès de ma mère, j'attendais qu'elle s'en rende compte par elle-même et qu'elle prenne enfin la bonne décision pour elle-même. Mais les années ont passé et c'est la maladie qui l'a définitivement éloignée de son mari... L'autre femme vit aujourd'hui dans le pavillon où j'ai grandi. On m'a dit qu'elle s'y est installée juste après la mort de ma mère. Je méprise cette femme comme je méprise mon père. Heureusement, je ne pense pas à eux tous les jours...

Me rappeler mes années d'enfance aujourd'hui ne me procure ni joie ni nostalgie, mais je n'ai pas non plus envie de pleurer sur mon sort : pour quoi faire ? Je ne veux pas regretter ce que je n'ai pas vécu, et encore moins ce que je n'aurais pas pu changer de toute façon... Dans ma vie, j'ai pu constater souvent que les enfants n'ont pas tous la chance qu'ils méritent au départ... Il y en a qui grandissent dans le coton, et d'autres dans la guerre. J'ai grandi quelque part entre les deux. Et j'ai grandi quand même.

4

Je voudrais m'engager

Intégrer la Légion étrangère, plutôt que n'importe quel autre corps d'armée, est un choix que j'ai fait à l'âge de vingt-cinq ans et qui ne m'a pas paru radical à ce moment-là de ma vie. Il était la suite logique de ce que j'avais connu entre ce fameux soir où j'avais rendu les coups à mon père et où il m'avait jeté dehors, et le moment où j'ai signé mon engagement. Pendant tout ce temps-là, j'ai cherché le sens de la vie. De la mienne, au moins... Je l'ai cherché dans le plaisir, je l'ai cherché dans le travail, et même un peu dans l'amour, mais je ne l'ai pas trouvé.

Le plaisir, c'était la fête, les soirées dans les bars ou dans les boîtes de nuit avec des potes que je n'appellerais pas des amis parce qu'on n'avait pas de liens forts : on partageait des moments où l'on riait beaucoup, mais dans le fond, on ne se confiait pas grand-chose et on ne se soutenait pas les uns les autres. Le travail, je l'ai expérimenté pendant mon service militaire d'abord, à Saint-Avold, à côté de Metz. J'avais fait mes « trois jours » à Cambrai et j'avais demandé à être dirigé vers la Gendarmerie, en expliquant que je me voyais bien en faire mon métier. Sur le plan scolaire, j'avais le niveau 3e, je m'étais arrêté en BEP mécanicien-auto. Un choix d'orientation logique puisque, à la ferme où travaillaient mon père et mon oncle, j'avais l'habitude de réparer les mobylettes, les tondeuses, etc., mais pas vraiment une passion. J'avais quand même eu le projet de devenir mécano en Formule 1 : il y avait une formation au Mans, les trois meilleurs élèves de la classe devaient être pris, et j'en faisais partie. Sauf que la formation en question s'est arrêtée pile cette année-là, pas de chance... Me voici donc à l'armée, puisque le service national était obligatoire à cette époque. Pendant un an, que j'ai même prolongé de six mois par un service volontaire supplémentaire, je me suis retrouvé dans une compagnie de gendarmerie qui surveillait les autoroutes. Entre les accidents, les vols et les agressions sur les aires de repos, les parkings, aux péages, les contrôles de vitesse, de port de la ceinture, de charge dans les véhicules légers, il y avait largement de quoi faire. On bougeait beaucoup, j'apprenais plein de choses, je vivais en paix, loin de chez moi, et ça me plaisait beaucoup. J'étais logé avec d'autres jeunes dans un quartier de la Gendarmerie mobile, on partageait un appartement, l'ambiance était bonne le soir après le travail. Sereine. Je découvrais qu'on pouvait être bien chez soi, tout simplement. Je ne sentais plus mes nerfs se tendre comme la corde d'un arc quand quelqu'un ouvrait la porte d'entrée et passait le seuil : mon père continuait certainement de picoler et de gueuler, mais il se trouvait à plusieurs centaines de kilomètres. Une fois par mois environ, grâce au billet de train qui m'était fourni par l'armée, je rentrais dans la Somme pour voir ma mère et ma petite amie du moment, qui m'accueillait chez elle. Je l'aimais bien mais j'étais encore loin de savoir ce que c'est qu'être amoureux. Quant à ma mère, elle subissait toujours son mari et sa vie, elle avait l'air résignée.

À LA FIN DE MON SERVICE NATIONAL, j'ai passé l'examen d'entrée dans la Gendarmerie, dans l'Est. Et je l'ai raté. On était au début des années 1990, les mines de charbon à Forbach mettaient de plus en plus de gars dehors, et ceux qui se présentaient pour entrer dans la Gendarmerie passaient en priorité. Ou bien ils étaient tout simplement meilleurs que moi en maths et en français, je n'en sais rien après tout, mais en tout cas, c'est comme ça que je me suis consolé… Sans y parvenir vraiment. La mort dans l'âme je suis rentré dans la Somme, puisque c'était chez moi, puisque je n'avais aucun autre endroit où aller. Là, j'ai connu quelques années d'expériences professionnelles qui ne m'ont pas convaincu davantage : d'abord, je n'avais pas envie de travailler dans un garage automobile. Je n'ai aucun mépris pour les gens qui passent leurs journées dans les vapeurs d'huile et d'essence, couchés sous une voiture ou le dos cassé sur un moteur, les mains toujours noires même après le décrassage en règle du soir, et tout ça pour un salaire de misère, à l'époque 6 500 francs. Au contraire, je les admire. Mais ce n'était pas pour moi. Je voulais faire quelque chose de plus physique et travailler en extérieur si possible. Je me suis présenté dans une boîte d'intérim qui m'a permis de travailler comme manutentionnaire, à charger les camions, comme maçon, à couler du goudron sur les routes, comme préparateur de commandes dans une usine de vente en gros d'épices, à remplir des sacs d'anis, de thym et de laurier séché, toute la journée, ou à découper sur mesure des mètres de tissu dans un entrepôt. Mais là encore, je n'ai pas vu l'intérêt de m'éreinter le corps sans me nourrir la tête. À cette époque-là, Whirlpool avait augmenté sa chaîne de production de lave-linge et envisageait de lancer une chaîne de fabrication de sèche-linge (celle qui a fermé au printemps 2018, dans la douleur pour quelque 250 salariés). J'ai pu y entrer grâce à la mère de ma copine : après un premier contrat, nous avons passé le même test pour être embauchés et nous avons été pris tous les deux. J'ai travaillé sur chaîne et ensuite sur le nouveau projet. Je vivais chez mon amie, à Amiens, et je ne voyais presque jamais mes parents. La vie aurait pu continuer comme ça, tranquille. D'ailleurs j'étais très joyeux : je faisais la fête avec les copains, j'allais à la mer, je n'étais pas seul. Pas amoureux non plus, mais pas seul… Et puis ma copine et moi avons rompu, je me suis retrouvé de nouveau à dormir dans ma voiture. Une seconde, pas plus, je me suis posé la question : puisque j'avais un salaire, une situation stable, je n'avais qu'à ouvrir un journal de petites annonces immobilières et louer un petit appartement. Une autre seconde m'a suffi pour répondre non. Le boulot, les sorties, souvent au bar, les rencontres sans suite, c'était une vie qui n'avait pas de sens. Je voulais autre chose. L'armée, j'y pensais, mais ce n'était pas encore assez. La Légion me faisait fantasmer, mais un je-ne-sais-quoi me retenait de prendre cette décision, en effet, un peu radicale… En quelque sorte, ce sont les gendarmes qui m'ont aidé à sauter le pas.

ILS M'ONT TROUVÉ dans ma voiture, à la bordure du champ où je l'avais garée pour y dormir. Les papiers n'étaient pas en règle : je n'avais pas payé la dernière facture de l'assurance, et elle était dans un sale état. Voir un jeune dans ces conditions de survie plus que précaires les a touchés.

— On connaît vos parents, on sait où ils habitent, à Aubigny. On va vous ramener chez eux, le temps que vous vous organisiez au moins.

— Messieurs les gendarmes, ça va pas être possible. Je vais vous expliquer pourquoi...

Ils ont été compréhensifs, et nous avons trouvé un accord.

— J'ai décidé de m'engager dans la Légion. Laissez-moi juste le temps d'aller dire au revoir à ma mère. De l'hôpital où elle travaille je porterai la voiture à la casse à Amiens, et je prendrai le train pour Lille. Je me suis renseigné : c'est là que se trouve le bureau de recrutement.

Et voilà comment j'ai fait le choix de la Légion étrangère. C'est un choix que j'ai fait seul, parce que j'étais vraiment seul, n'ayant absolument personne avec qui partager mes réflexions. C'était un choix logique pour un garçon qui avait grandi à la dure : les conditions de vie dans ce corps d'armée ne m'effrayaient pas, et même, j'étais en recherche de règles. Entre mon départ de la maison familiale - je devrais dire paternelle - et cette conversation avec deux gendarmes que je respectais, j'avais vécu plusieurs expériences différentes mais je n'avais pas créé un équilibre personnel satisfaisant. Je voulais un cadre, et un sens. Le sens du bien et du mal. Chez moi, il n'y en avait pas puisque tout ce que je pouvais faire devenait prétexte à des coups. Il n'y avait pas de récompense pour mes bonnes actions, jamais. D'ailleurs mes bonnes actions passaient inaperçu, c'était comme si je ne les avais produites. Ce que je faisais de bien était considéré comme quelque chose de normal, ce que je faisais de mal – mais qu'est-ce que je faisais de mal ? – donnait lieu à du mépris, des insultes, voire pire. Donc rien de ce que j'avais connu n'avait de sens. Pour moi, la vie, ce devait être : une action, une conséquence. J'étais convaincu que mon obéissance, à la Légion, serait sinon récompensée, au moins respectée. Je pensais que j'allais devenir quelqu'un. Et je ne me trompais pas : dans l'armée française, tant qu'on est opérationnel et performant, et même si l'on n'occupe qu'une place de simple militaire du rang, on est un homme parmi les autres hommes. Et quand on a toujours été considéré comme rien, être un homme, c'est énorme.

JE LAISSE LA VOITURE à la casse, comme promis. Je donne les papiers au gérant et je lui demande de les envoyer aux gendarmes qui m'ont fait confiance, pour preuve de ma bonne foi. Je sais qu'il le fera. C'est le mois de mai, le printemps théoriquement, mais comme souvent dans cette région que je veux fuir à tout prix, il fait humide et froid. Je me fiche bien du temps qu'il fait. Je ne me soucie pas plus de celui qu'il fera où la Légion m'emmènera. Je n'ai qu'une idée en tête : qu'elle m'emmène quelque part.

Ma mère espère que je vais revenir plus vite que prévu. Je lui ai annoncé « quatre mois de formation, et un premier contrat de cinq ans, mais je pourrai sûrement te donner des nouvelles avant ». Bien sûr, cinq ans, pour une mère, cinq ans sans embrasser son fils, c'est une éternité. Mais on est égoïste quand on a vingt-cinq ans, et tant mieux, sinon on ne fait rien. On ne part pas.

En revanche, on ne pense pas qu'à soi quand on est maman :

— Bien sûr, mon fils. Les petits boulots, les sorties dans les bars, tes bagarres idiotes... Ça ne peut pas être que ça, ta vie. Je comprends. Vas-y...

J'ai quitté ma mère à l'hôpital où elle travaille, je l'ai laissée là, toute petite dans sa blouse d'aide-soignante, les joues mouillées de larmes, et j'ai passé la porte. Maintenant le train roule entre Amiens et Lille, je me tiens debout dans le couloir qui longe les compartiments de voyageurs, je fais le tri dans mon portefeuille. Ma carte d'identité, mon permis de conduire, ma carte de sécurité sociale, je les garde. Je tombe sur un vieux papier sur lequel j'ai écrit une adresse, je ne sais même plus à qui elle appartient, je le chiffonne. Une carte de visite, celle d'un médecin que je n'ai jamais consulté, et je me demande comment et depuis quand elle a atterri là. Je n'en ferai rien, c'est sûr. Devant les photos, j'hésite. Mon ex-copine se tient debout, les mains dans les poches de son jean, ses cheveux tombent sur ses épaules, elle sourit, elle a cet air gauche que nous avons toujours partagé. Elle n'est plus que mon ex, autant dire qu'un souvenir, et je pars. Je déchire la photo. J'en fais des confettis, je baisse la vitre du train et je regarde les petits morceaux de mon histoire s'envoler vers les champs. Un cliché de ma mère et de moi, adolescent, côte à côte. Je ne me rappelle pas qui a pris cette photo, ni même où on était ce jour-là. Elle est toute jeune encore, ma mère, elle pourrait faire le bonheur d'un homme bien, un homme qui s'occuperait gentiment d'elle. Je la laisse à sa vie, à ses larmes dans les couloirs de l'hôpital de Corbie, je déchire cette image-là aussi, je pars. Une pensée me traverse : « S'ils ne veulent pas de toi, tu n'auras plus rien. » Une autre pensée, aussitôt : « Si tu n'as plus rien, ils te prendront. »

C'est de la superstition, même pas de l'espoir. Je veux qu'ils me prennent. Je n'envisage rien d'autre. Je ne vois pas pourquoi ils ne me prendraient pas...

À Amiens, au bureau de recrutement des armées, on m'a dit : « La Légion, c'est très dur physiquement. Ils acceptent peu de Français, mais bon, tu es grand, tu as l'air costaud, il n'y a pas de raison... » Voilà, il n'y a pas de raison. Il ne peut pas y en avoir. J'ai quitté mon boulot dans les règles : je n'ai pas fait croire à une mauvaise grippe, je ne me suis pas donné la possibilité de revenir à l'usine si la Légion me recale dès l'entrée. J'ai payé ce que je devais, réglé toutes mes ardoises et mes factures, je ne dois plus rien à personne. Sur ma paye du mois d'avril, il me reste un peu moins de quatre mille francs, ils sont là, en billets tout neufs, dans le soufflet de mon portefeuille : j'ai fermé mon compte en banque. Dans un vieux sac à dos, j'ai emporté le minimum nécessaire : une brosse à dents, un savon, un flacon de shampooing, quelques slips, un pantalon, deux tee-shirts. J'ai sur le dos mon blouson de cuir. Le reste, je l'ai déposé devant le local de la Croix-Rouge. Ma tête est vide, aussi légère que mes pauvres bagages. Le train progresse vers le nord et le temps ne s'améliore pas, je suis seul dans le couloir, les coudes appuyés à la fenêtre, on se croirait dans un film français des années 1960. Je roule vers mon avenir. Enfin, j'espère...

L'ADRESSE DU PILE de Lille, le Poste d'information de la Légion étrangère, c'est Caserne Négrier, rue Princesse. Depuis la gare, prendre la direction de la Citadelle. J'arrive devant un bâtiment de briques rouges caractéristiques du Nord, je frappe à la petite porte en métal.

— Je voudrais m'engager.

J'ai mal choisi mon moment. Nous sommes le vendredi 2 mai 1997, il est déjà quinze heures passées, le caporal-chef qui me reçoit aimerait autant qu'on en reparle lundi matin.

— Tu as de l'argent ?

— Oui, Monsieur.

Car je ne connais pas encore les grades...

— Tu as de quoi te payer un hôtel ?

— Oui, Monsieur.

Car il ne m'a pas corrigé...

— Alors profite de ton week-end. Tes sous ne te serviront à rien pendant quelques mois. On se revoit la semaine prochaine...

C'est un conseil, pas encore un ordre, mais j'obéis. Je me rends en centre-ville, j'arpente les rues, m'offre une bière, un bon petit dîner et une soirée tranquille, les pieds sur le lit, devant la télé. Je me promène, lentement, je regarde les femmes qui font les vitrines sans m'intéresser à ce qu'il y a sur les mannequins, de toute façon je n'ai besoin de rien, et personne à gâter quand je reviendrai. La bonne tête de ce type m'a paru encourageante. Il n'a pas fait la moue en voyant mon mètre quatre-vingt-trois, il paraissait plus embêté qu'autre chose de ne pas pouvoir m'enregistrer tout de suite. Lundi matin, à la première heure, je frappe de nouveau à sa porte.

— Alors, tu n'as pas changé d'avis ?

— Non, Monsieur.

— Moi c'est pas Monsieur, mais Caporal-chef. Tu sais dans quoi tu t'embarques ? Tu es français, tu as le choix...

— Oui, Caporal-chef. Je le sais.

— Après la formation, tu pourrais partir en Yougoslavie. Ou en Afrique. C'est pas tout rose, là-bas, tu le sais ?

— Je le sais, Caporal-chef.

— Bon... Va rejoindre les autres dans la cour. Tu ramasses les mégots. Je te trouverai une autre corvée après, pour t'occuper le temps qu'on rassemble assez de gars pour partir à Paris, et de là à Aubagne.

J'ai passé la première étape du recrutement. Mes papiers d'identité sont rangés dans une enveloppe entre les mains du caporal-chef. Je regarde les légionnaires traverser la cour dans leur beau treillis aux couleurs vertes. Je me vois déjà parmi eux, marchant fier et droit, le képi blanc sur la tête.

5

Et malgré ça, on tient

Après dix ou douze jours à Lille, à ne rien faire, ou pas grand-chose, la quinzaine de volontaires à l'engagement dont je suis monte dans un car. Destination : Paris. Nous profitons d'un véhicule qui ramène des gars de retour d'opération. D'eux, je ne sais rien, je les observe discrètement, avec une certaine distance, ils sont légionnaires, eux, pour de bon, alors que je porte encore mon jean et mon blouson. Ils se regroupent par origine plus que par affinités, et ils s'expriment rarement en français, mais plutôt dans leur langue maternelle. Je n'en maîtrise aucune, évidemment. Il y a surtout des gens venus des pays de l'Est, de

Russie notamment : l'URSS a explosé six ans plus tôt et beaucoup de jeunes qui ne se voyaient pas d'avenir dans l'ex-mère patrie du communisme ont saisi dans la Légion l'occasion de devenir français. J'entends des syllabes, des sons, je comprends vaguement que certains évoquent la Yougoslavie. Parmi les nouveaux engagés, comme moi, encore incertains d'être pris, le mélange des nationalités est le même. Je ne demande pas aux Espagnols, aux Portugais, aux Russes, ni même aux Haïtiens et aux Malgaches, francophones comme moi, comment ils se sont retrouvés à Lille et pourquoi ils se sont portés volontaires : je ne suis pas curieux, je ne m'intéresse pas à eux, je pense surtout à moi. Parmi les légionnaires, certains m'ont questionné, en revanche :

— Tu es français ? Mais tu es fou ? Qu'est-ce que tu fais là ?

Dans ma tête, la réponse est claire : je sauve ma peau. Je veux disparaître. Changer de vie. Avoir une vie, pour commencer... De ma bouche sort autre chose :

— Je veux voir du pays.

Ils m'encouragent :

— À Castelnaudary, c'est dur, mais tu t'accroches. Et après, ça va !

M'ACCROCHER, c'est bien mon intention. Dès mon arrivée au Centre de sélection et d'incorporation à Aubagne, première étape du parcours de l'engagé volontaire, je glisse toutes mes affaires personnelles dans un sachet en plastique, je le ferme par une étiquette à mon nom, et je commence à oublier qui je suis. Qui j'étais... J'enfile le survêtement réglementaire, je passe sous la tondeuse, je reçois mon paquetage et j'apprends comment le ranger, comment le porter, comment en prendre soin, je suis les instructions, sans broncher. Pendant quelques jours, j'apprends aussi à marcher au pas, à reconnaître les grades, les chants de la Légion et le code d'honneur du légionnaire. On nous projette une multitude de films sur les interventions de la Légion en France comme à l'étranger, sur son histoire. Lorsqu'il faut passer les tests écrits, je dessine un arbre si on me le demande et je réponds que deux et deux font quatre. Au médecin, je montre que mes pieds ne sont pas plats. Je ne mentionne pas que j'ai eu les tympans perforés plusieurs fois, petit, pour cause d'otites à répétition :

c'est passé pour la Gendarmerie, je prie mon petit dieu personnel de la bonne veine pour que ça passe à nouveau, et oui, ça passe. D'ailleurs, j'entends bien. Et quand bien même : dans le monde de l'armée, personne ne parle et les officiers gueulent. Sur le terrain, je cours, je cours, je cours, avec une force que je ne me connaissais pas, avec « l'énergie du désespoir », comme on dit. Il faut qu'ils me prennent... Je monte à la corde, je multiplie les tractions, j'enchaîne les pompes, je m'aplatis et je me relève sur les bras sans souffler, sans trembler. Je ne me dis pas que j'ai mal, et faim, ni que je suis fatigué, je ne me permets même pas de le penser. Je verrouille.

J'apprends à regarder devant moi sans forcément fixer le chef dans les yeux, à me tenir droit sans écraser les autres, à soutenir mes camarades en difficulté sans ralentir le groupe, à ne pas m'attacher à ceux qui, à l'évidence, ne tiendront pas. Je ne me fais pas d'amis. Je ne questionne pas les autres gars sur ce qui les a amenés jusque-là, ce qu'ils laissent derrière eux, ce qu'ils espèrent, je ne cherche pas à savoir s'ils sont plus malheureux que moi. D'ailleurs, je ne suis pas malheureux. J'ai de l'espoir. Avec les Haïtiens, les Malgaches, les Marocains, puisqu'on partage la même langue, on échange quelques mots banals, rien de plus.

JE RÉPONDS à la Gestapo.

L'armée n'aime pas qu'on appelle de cette façon l'interrogatoire qu'on subit sur son passé. Il est nécessaire surtout pour les types qui arrivent de Chine par exemple, ou du fin fond du Caucase : la Légion ne peut pas se fonder sur des papiers officiels, impossibles à obtenir, pour juger de leur bonne moralité. Dans mon cas, l'affaire est vite pliée : étant français, l'armée a pu accéder à mon casier judiciaire, vierge. Quant aux questions personnelles qu'on me pose, j'y réponds, du tac-au-tac, sans sourciller. Même si j'arrange un peu les choses pour multiplier mes chances d'être pris...

— Où sont tes parents ?

— J'en ai plus, caporal.

— Ils sont morts ?

— Mon père est un alcoolique et un homme violent, il m'a jeté dehors. Je ne l'ai pas vu depuis six ans.

— Et ta mère ?

— Elle vit avec mon père.

Je pense alors : « Je m'engage dans un truc et je vais peut-être mourir. Mais puisque je n'ai rien ni personne, ça ne sera pas grave. Le temps que ça durera, je vivrai au moins autre chose. Et puis après, je ne manquerai à personne. »

— Chrétien ?

— Baptisé, caporal.

Je ne précise pas que j'ai été enfant de chœur pendant plusieurs années.

— Parfait, t'as une tête de Chrétien. À partir de maintenant, tu t'appelles Chrétien Albert, tu es né le 17 janvier 1972 au Luxembourg. Dernière chose : si tu pars en cours d'instruction, tu nous auras fait perdre du temps et ça, c'est pas permis. Compris ?

Je ne prends même pas la peine d'imaginer la sanction que je risque. Je ne vois pas pourquoi je mettrais fin au processus.

JE VERROUILLE. Je réponds quand on m'interroge, mais dans ma tête, je ne parle qu'à moi-même. Chaque jour, je visualise sans cesse deux points : la fin de la journée, repos, dodo, et le jour où j'enfilerai le képi blanc, signe de mon intégration définitive dans la Légion. Ce deuxième point m'aide à supporter l'attente jusqu'au premier. Encore faut-il que les gradés valident l'idée que Michaël Crépin, français, devenu Albert Chrétien, luxembourgeois, a le coffre nécessaire pour faire partie des leurs. Ils se réunissent en commission. Nous sommes tous un peu fébriles dans l'attente des résultats. Si c'est non, alors... Alors rien, je ne l'envisage même pas. Combien de nouvelles recrues ils veulent cette année, combien ils doivent en recruter pour être sûrs d'atteindre leur objectif, quels sont les effectifs totaux de la Légion, les statistiques : je n'ai aucune de ces informations. Pour calmer mon stress, je repense à ce militaire, à Amiens, qui m'a dit : « Ils recrutent, et les Français sont rares... » Je me convaincs que je n'ai pas été plus mauvais que les autres aux tests moteurs et psychologiques à l'écrit, et je me flatte d'avoir été performant physiquement : ça, j'en suis sûr, je l'ai vu. N'empêche, quand on nous fait mettre en rang pour nous annoncer qui reste, et qui part, je n'en mène pas large. Un officier égrène les noms. Le mien tombe enfin. Je pousse un énorme soupir de soulagement, j'essaie de ne pas sourire. Les recalés repartent, la tête basse, ils vont rendre leur survêtement bleu, reprendre leurs frusques d'avant, et leur vie, s'ils en avaient une... Moi, je saisis la carte d'identité militaire qu'on me tend. Je dis merci.

Merci de me donner ma chance, parce que ce n'est pas arrivé si souvent.

À partir de maintenant, c'en est fini des corvées : j'aide à l'encadrement des nouveaux postulants, je suis des cours plus précis sur le fonctionnement et l'organisation de la Légion, j'apprends le code d'honneur, mot à mot. Quels que soient notre pays et notre langue maternelle, on doit être capable de le restituer sans bafouiller. Il faut surtout bien intégrer ce que chaque phrase implique comme exigence, et s'y conformer... Il est question de camaraderie, de respect, d'honneur, d'une mission sacrée. Pour l'instant, ce sont juste de belles phrases que je retiens comme les paroles d'une chanson. Les instructeurs nous montrent des films sur ce qui nous attend au 4e régiment étranger de Castelnaudary, et surtout à « la ferme ». Ils nous préparent, psychologiquement, à en baver. Je me dis : « D'accord, j'ai saisi, je ne suis pas encore légionnaire. » Mais je me sens prêt à relever le défi, pour moi-même, et aussi dans l'idée d'aller parader à Corbie, dans mon beau costume, coiffé d'un képi blanc, face à mon père.

LA FERME N'A PAS de basse-cour, pas de vaches et pas de cochons. C'est juste un espace clos au sein du

4e régiment étranger de Castelnaudary, dans l'Aude, où se poursuit la formation des engagés qui ont passé avec succès les tests psychologiques, physiques et sportifs à Aubagne. Là, les recruteurs cherchent clairement à savoir si on a la tête assez dure pour supporter ce qui suivra. Pendant un mois, on est enfermés sans repères de temps – les montres ont été confisquées – et sans pouvoir parler à qui que ce soit, sauf entre nous, à certains moments de la journée, et seulement en français. Pour les fumeurs, le sevrage est soudain et obligatoire. Courbatures ou pas, il faut suivre le rythme des courses à pied, parfois très longues, alors qu'on est de plus en plus affaibli chaque jour, notamment à cause du régime alimentaire. On prend ses « repas » debout, en quelques secondes, après avoir fait la queue pour faire remplir sa gamelle. Dès qu'on a été servi, on doit aller se replacer à la fin de la file, et mieux vaut se dépêcher de laper sa soupe : quand le dernier type est servi, celui qui se trouve derrière lui doit jeter aussitôt dans la marmite ce qu'il n'a pas eu le temps d'avaler, et ainsi de suite. Après quoi on se met en rang et on assiste au repas des officiers. Après un mois d'un tel régime, les corps sont secs et les mollets très affûtés. Mais après un mois pareil, on n'est déjà plus aussi nombreux. La punition est toujours collective. Si un type « banane » (notre jargon pour « faire une connerie », comme oublier de se laver par exemple, voler un morceau de pain à l'ordinaire – la cantine – ou négliger sa tenue, porter des rangers mal cirées, avoir un lit non fait au carré, des vêtements mal pliés, arriver en retard au rassemblement du matin), tout le monde « ramasse » en même temps. Je me suis vu récurer les joints des toilettes – et même la cuvette –, avec ma propre brosse à dents ou laver le carrelage des douches avec un carré d'éponge de 2 cm^2. J'ai frotté durant des heures, jusqu'à avoir les doigts en sang.

Et malgré ça, on tient. Il faut comprendre que, même si nous ne sommes pas encore considérés comme des légionnaires à part entière, nous nous sommes déjà bien engagés. Nous avons reçu nos papiers militaires, nous avons signé un contrat, et un contrat avec la Légion ne se rompt pas sous prétexte qu'on a changé d'avis en cours de route. Une nuit, alors que nous dormons depuis deux à trois heures au maximum, nous sommes réveillés d'un coup et sommés de sortir sans attendre, en tenue – c'est-à-dire en treillis et chaussés de rangers – pour une forme de battue : un engagé volontaire a déserté, il faut le retrouver. On fait des dizaines de kilomètres, avec tout notre barda sur le dos, en espérant lui mettre le grappin dessus. On lui en veut. Si on l'attrape, avant même d'être jeté au trou, il va passer un sale quart d'heure. On ne le retrouve pas, évidemment : il a pris de l'avance et le domaine que couvre la ferme est aussi vaste que mal clôturé. L'épisode se reproduit quelques jours plus tard. À nouveau on se lève, on enfile nos rangers, on part en promenade, façon de parler... Le lendemain, entre nous, le message est entendu : on ne fait pas ça, sauf si on tient vraiment à se faire détester de tout le groupe. Se faire détester, on s'en fout, mais recevoir des coups au ventre et dans la tronche... Parce qu'on ne se pardonne rien. On obéit au deuxième commandement du code d'honneur : « Chaque légionnaire est ton frère d'armes, quelles que soient sa nationalité, sa race, sa religion. Tu lui manifestes toujours la solidarité étroite qui doit unir les membres d'une même famille. » Alors oui, les conséquences des actes plus ou moins réfléchis sont quelquefois lourdes, et pour tous, qu'on soit coupable ou pas. Il faut verrouiller, absolument, se verrouiller la tête et le cœur.

Heureusement que je sais faire depuis longtemps... Lors d'un rassemblement, nous nous tenons tous debout, mais au repos, en colonnes, on entend les mouches voler. Tout à coup, plusieurs gars foncent sur un type, celui qui se trouve juste derrière moi, ils le frappent. Après ça, ils le collent contre un mur et nous recevons l'ordre, tous, de passer devant lui et de lui asséner un coup supplémentaire. Nous sommes vingt-cinq. Le gars est un Français, comme moi, il vient de Bretagne, engagé volontaire lui aussi. Je ne sais pas ce qu'il a fait. Je ne pose pas la question, ce serait le meilleur moyen de me retrouver dos au mur à côté de lui. Je verrouille. Quand vient mon tour, moi aussi, je donne un coup. Le Breton partira à l'infirmerie, puis il effectuera un passage en prison, après quoi il sera intégré à un nouveau groupe d'engagés volontaires avec lequel il finira sa formation.

La création d'un esprit de cohésion se fait par un lavage de cerveau en règle et par des coups de bâton. Je l'accepte. Pour moi, nous faire supporter et endurer des situations qui peuvent paraître anormales, ou injustes, n'est qu'une méthode de sélection comme une autre. Je joue le jeu. Puisque je suis français, et qu'à défaut de connaître tout le dictionnaire, je suis capable de m'exprimer correctement, je suis chargé d'apprendre les rudiments de ma langue à deux engagés venus des pays de l'Est. Je ne me souviendrai pas de leurs noms, à peine de leurs têtes. Je leur répète les mots du quotidien : fourchette, couteau, chaussure, debout, couché, fusil. Je les reprends sur leur prononciation. Je ne les juge pas : je ne suis pas sûr que je ferais mieux qu'eux si je devais apprendre à parler russe en quelques semaines. Assez vite, l'un d'eux attrape la gale parce qu'il ne se lave pas assez. Les types sales, on les appelle « les clochards », et s'ils rechignent trop longtemps et trop souvent à passer sous la douche, on les motive nous-mêmes à partir. La plupart d'entre nous a déjà compris ce qui reste pourtant théorique : qu'on soit en caserne ou sur un terrain de guerre, la propreté, c'est la santé. Mon galeux est mis en quarantaine, puis à la porte de la ferme. Dans les chambres, on se bat pour un rien. C'est un peu comme en prison. Les gardiens ferment les yeux. Pourtant, on se donne des coups qui peuvent laisser des traces. Un type se retrouve enfermé dans une armoire de métal ; l'armoire passe par la fenêtre. Le type part à l'infirmerie, l'armoire part à la casse. Fin de l'histoire.

J'ENCHAÎNE LES POMPES, jusqu'à deux cents. J'étais déjà sec en arrivant, il ne reste plus que de la peau sur mes flancs. L'instructeur frappe. Je verrouille. Les règles sont faites pour être respectées. Amen. Je les respecte. Ce qui m'atteint, plus que les rangers dans les côtes, c'est la manière dont on nous parle. Nous sommes rabaissés, humiliés en permanence. Nous sommes des chiens. Des chiens galeux, indignes d'être considérés comme aptes à entendre des ordres qui ne seraient pas aboyés à nos oreilles. Je verrouille. Je comprends : le mode opératoire de la Légion consiste à nous pousser à bout, mentalement comme physiquement, pour s'assurer que nous n'avons pas de limites. Que nous pouvons tout supporter. Que nous n'avons même pas conscience d'être des hommes. C'est un corps d'armée qui a besoin de robots pour être opérationnels sur le terrain. Je verrouille. S'il le faut, je serai un robot.

Les Français sont mal vus par les autres, engagés volontaires ou déjà légionnaires confirmés. Les caporaux qui nous gouvernent jouent les chefaillons.

Pour peu qu'ils soient originaires d'un autre pays et qu'ils aient trouvé l'apprentissage de notre langue un peu trop dur, ils nous en font voir plus qu'aux autres. Si nous sommes surpris à rester entre nous, nous filons creuser des trous. Ce sont des trous pour rien, des ampoules aux doigts et des douleurs aux lombaires parfaitement inutiles, ça n'aide pas les autres à connaître plus de mots dans notre langue, mais il paraît que ça nous forge le caractère. En fait, tout ce qu'on ne fait pas dans l'intérêt du groupe doit être sanctionné.

J'encaisse. J'apprends la vie. La ferme n'est qu'un passage et je teste mes limites. Je me découvre. J'ai vingt-cinq ans, je suis dans une forme athlétique. Dommage que personne n'en ait pris conscience quand j'étais gamin, j'aurais pu concourir aux Jeux olympiques. Je n'ai pas de limites. Je suis sûr que je n'en ai pas : je vais toujours plus loin, je serre toujours plus fort les dents, je n'ai peur de rien. Les boîtes de nuit ne me manquent pas, toucher une femme non plus, les ronflements des autres ne m'empêchent pas de dormir. Je gagne peu à peu une meilleure image de moi : plus j'en bave, plus je me considère moi-même avec respect. Parce que je ne craque pas. J'ai mon truc, celui du compte à rebours : encore trois semaines de ferme. Puis deux. Puis une seule, la dernière, la plus dure, celle qui s'achève par « la marche du képi blanc ». On n'est déjà plus si nombreux à prendre le départ. Sur vingt-cinq engagés volontaires sélectionnés en commission à Aubagne, entre les désertions, les départs pour des séjours de plus ou moins longue durée à l'infirmerie, voire au trou, nous ne sommes plus que douze à prendre le départ.

QUAND ON DÉCIDE de ne pas s'arrêter, on ne s'arrête pas. Après soixante-dix kilomètres de marche dans les environs du 4e régiment étranger de Castelnaudary, nous sommes onze qui tenons encore debout. Les officiels ont organisé la traditionnelle remise du képi dans un village dont j'ai oublié le nom. On nous a accordé le temps d'une toilette sommaire, nous avons revêtu la tenue verte, celle qui nous a motivés pendant un mois à la ferme, nous nous retrouvons en rang sur la place du village. Le maire est là, avec son écharpe, quelques dizaines d'habitants nous observent. Je me dis qu'ils nous admirent même peut-être. Ou qu'ils nous prennent pour des fous. Moi, je suis fier. Nous tenons le fameux képi entre nos mains.

On lance le code d'honneur, nous le déclamons tous, d'une même voix, et même les hommes qui n'avaient jamais entendu un mot de français deux mois plus tôt le connaissent et l'articulent. Alors on se coiffe du képi. Alors on est légionnaire. Je suis légionnaire. J'ai trouvé mon chemin de vie, ou pour une partie de ma vie au moins. J'ai réussi.

Sur le plan psychologique, je n'ai pas encaissé les coups que me portait mon père parce qu'ils étaient injustes. Parce que je n'étais pas un soldat quand je les recevais, mais un enfant. Parce qu'ils ne participaient pas à mon éducation, seulement à me briser. Parce qu'ils m'étaient donnés par un homme censé me protéger, pas m'affaiblir. Dès que j'ai mis les pieds à la Légion, j'ai accepté les règles et le principe de base : ce qui se passait, c'était pour mon bien et pour celui de notre armée. Les ordres, on les exécutait, un point c'est tout. Le ciel est rouge et les oranges sont vertes, si c'est un chef qui le dit. Les coups de rangers dans les côtes, ça fait mal mais ça forge l'endurance aussi. Quand on sera occupé à se battre contre un ennemi, on ne dira pas « pouce » sous prétexte qu'on aura encaissé un choc non réglementaire, il n'y aura pas d'arbitre pour arrêter la partie. Si un type pleurniche dès l'entraînement, c'est qu'il ne sera pas un frère sur lequel compter au combat ; s'il ne se décide pas à rentrer chez lui, il est nécessaire de le pousser à pleurnicher plus fort pour qu'il dégage de lui-même. L'aptitude à accepter les situations les plus dures est nécessaire pour un légionnaire. Aujourd'hui, les conditions de formation se sont un peu assouplies, notamment parce qu'il y a moins de volontaires. En 1997, quand je suis arrivé, on nous disait facilement de prendre la porte si on n'était pas content. Certains avaient déjà fait preuve de leur motivation en franchissant des montagnes à pied pour venir. Ils fuyaient la misère et la guerre, exactement comme les migrants en 2018, ils trouvaient dans la Légion un salaire, un logement, un avenir. Ils voulaient devenir français. Aujourd'hui, les immigrés arrivent en famille, c'est différent. Tout est différent... L'information circule facilement, tout est filmé, divulgué, il y a sûrement encore de mauvais traitements, mais moins, et moins graves.

Quand je suis passé par là, de mon côté, ma détermination à réussir était assez forte pour tout supporter, et j'arrive encore à en rire, en effet... Mercédès – et d'autres – pensent que dès la formation au métier, nous sommes préparés à encaisser le pire sans jamais nous rebeller. Et sans même nous plaindre. C'est possible. Je ne sais pas. Si j'avais vingt-cinq ans aujourd'hui, face à un avenir peu souriant, si je pouvais voir la Légion comme je la voyais en 1997, si je pouvais placer autant d'espoir en elle, il est certain que je m'engagerais à nouveau. Mais si j'avais vingt-cinq ans aujourd'hui, et même juste une vague idée de ce que j'aurais à vivre dans cette carrière, j'en suis beaucoup moins sûr...

6

Femme de légionnaire

Quand j'ai rencontré Michaël, il ne parlait pas beaucoup et ça ne me dérangeait pas : le peu qu'il disait me suffisait. Il est entré dans ma vie sans faire de bruit, sans rien demander, avec son franc sourire et ses grands yeux bleu lagon, et j'ai été heureuse de l'y accueillir. Il n'était pas bavard, mais il plaisantait beaucoup, et nous riions ensemble. J'ai compris qu'il était l'homme de ma vie quand nous sommes restés pendant une heure – ou plus, je ne sais pas, il me semble que le temps s'était arrêté –, à regarder la mer, sans prononcer la moindre parole, sans chercher à dissiper un silence qui nous aurait mis mal à l'aise ou qui aurait été synonyme d'ennui.

Nous ne nous ennuyions pas. Nous étions juste bien ensemble, nous respirions au même rythme, nous nous laissions bercer par la sérénité qui se dégageait de notre union débutante, encore incertaine forcément, mais tellement douce à cet instant. Nous étions à Mayotte, où je m'étais exilée en saisissant une opportunité professionnelle enthousiasmante, lui travaillait en « séjour », comme on dit dans son jargon, pour deux ans.

Je savais peu de choses de lui : qu'il avait une épouse, à Orange, et qu'il venait de lui signifier son désir de divorcer. Il ne lui reprochait rien, elle n'était tout simplement pas la compagne idéale pour lui, et lui d'ailleurs ne se prétendait pas non plus parfait pour elle. La vie, juste la vie, en somme... Je savais aussi qu'il avait deux enfants : Anthony, son garçon adoré, alors âgé de sept ans, et une petite fille qu'il avait juste vu naître mais à peine grandir. J'étais moi-même la mère d'une adolescente qui n'avait pas voulu me suivre dans ma lointaine expérience insulaire. Charlotte grandissait auprès de son papa à Bordeaux, elle avait des amis, elle travaillait bien à l'école, j'étais fière d'elle et je restais sa mère, même là-bas... Michaël et moi nous tenions la main, nous regardions le soleil se coucher dans la mangrove, nous pensions l'un et l'autre à nos enfants, à des milliers de kilomètres de nous, et s'ils nous manquaient nous ne nous en plaignions pas : nous assumions les conséquences de nos choix et l'essentiel, leur bien-être, était préservé en France. Sans doute Michaël ne s'accordait-il pas assez confiance pour être un père présent auprès d'eux, faute d'un exemple qu'il aurait aimé reproduire. Je pense aujourd'hui qu'il était déjà marqué par tout ce qu'il avait vécu dans sa vie, notamment en tant que légionnaire. Il n'avait pourtant pas encore vécu le plus difficile.

Nous avons pris le temps de nous connaître en nous observant l'un l'autre jour après jour. L'homme que je découvrais parlait peu, esquivait les situations embarrassantes par l'humour, il se montrait toujours d'une grande douceur et faisait preuve de respect à mon égard. Je suis tombé amoureuse d'un homme, pas d'un légionnaire.

Le légionnaire, je l'ai rencontré peu à peu, au fil des années. Je l'ai découvert à travers ce qu'il me racontait de son travail... c'est-à-dire à travers le silence qu'il observait en permanence, par devoir d'abord, par pudeur ensuite, par peur enfin. Chaque fois qu'il a dû affronter une situation dangereuse, ou trop éprouvante sur le plan émotionnel, il a « verrouillé », c'est le terme qu'il utilise. Il s'est mis en mode pause, comme on suspend la lecture d'un film, d'une chanson, il a coupé les images et le son, attendu que le temps passe, que l'action progresse, comme s'il n'en faisait pas partie. C'est le système de protection qu'il a mis en place pour lui-même. Il a cru que cela pouvait fonctionner, sincèrement, jusqu'à ce que la situation soit devenue plus supportable. Bien sûr il se leurrait. Mais quelle autre option avait-il ?

En 2007, sous le soleil de Mayotte, j'ai fait la connaissance d'un homme apparemment heureux. Certains soirs, il m'emmenait en boîte de nuit avec ses camarades, ses frères comme il les appelle, et j'ai appris à les apprécier et à leur rendre le respect et la bienveillance qu'ils éprouvaient pour moi. Un légionnaire respecte toujours la femme de son frère ! Telle était leur devise. Dieu que cela était bon de me sentir en confiance, lorsque le soir, seule, entourée de Michaël et trois de ses frères, nous arpentions les petites rues de l'île : je savais que rien de mauvais ne pouvait m'arriver ! Ils vivaient dans l'instant présent, avec passion, résolument. Boire un verre, rire, danser, dire haut et fort leur chance d'avoir été affectés dans une région quasi paradisiaque, voilà ce qui faisait leur joie, à chaque instant, tant que la mission durerait. Ils n'évoquaient jamais les opérations passées, du moins pas en ma présence, et ils ne semblaient pas redouter les opérations à venir. Mais leur façon de profiter de la vie quotidienne à Mayotte montrait qu'ils se savaient en sursis. Ils vivaient une parenthèse enchantée dans une carrière qui compterait plus de moments sombres que de journées ensoleillées.

J'étais alors « seulement » l'amie d'un légionnaire, j'ignorais tout de sa vie comme de celle de ses camarades, puisque aucun d'eux ne se confiait, et surtout pas sur l'essentiel. Beaucoup montraient leur fierté de faire partie d'une grande famille, la Légion, mais la plupart aussi s'imaginaient mal fonder leur propre famille. Aucun d'eux ne semblait vouloir se souvenir de l'enfant qu'il avait été. Michaël a fait cet effort, pour moi ; cela m'a permis de mieux comprendre sa capacité à encaisser les chocs et à garder le silence sur ses blessures intimes.

Je ne sais toujours pas tout sur la vie de Michaël avant son engagement dans l'armée. Même si nous devions vivre encore un siècle ensemble, il est probable qu'il garderait jusqu'au bout une grande part de mystère. Ça ne fait rien. Je connais mon homme. Et il y a une chose que je peux affirmer avec une certitude absolue : il n'y a pas sur terre plus droit, plus honnête que lui. La sincérité, l'authenticité, la bienveillance sont les vertus que je place au-dessus de tout. Elles sont nécessaires chez une personne pour que je puisse l'aimer, l'aimer vraiment. Je connais Michaël depuis quinze ans, je peux dire que je le connais bien. Il fait partie de ces êtres rares qui n'ont pas appris à être bons envers les autres par l'éducation, l'exemple ou même l'expérience : Michaël est bon par nature. Je suis convaincue qu'il est né plein de bonté. C'est presque un miracle que son parcours, à commencer par son enfance, n'ait pas éteint cette lumière en lui. Il aurait pu « mal tourner » et devenir, sinon une personne malhonnête, un homme sans véritable conscience de ses actes, et donc capable de mauvais choix. Mais voilà encore quelque chose que j'admire chez Michaël : d'instinct, il fait les bons choix. Lorsqu'un événement l'oblige à réexaminer ses plans, il s'adapte. S'il est déçu, il ne rumine pas longtemps, il ne se plaint pas. Il passe à autre chose, il va vers la douceur, vers le soleil. S'il est meurtri, blessé, il accuse la douleur mais il cherche à la transformer. Ce n'est pas toujours facile, mais il a, quelque part au fond de lui, un réservoir de force de vie dans lequel il puise pour accepter la douleur et la dépasser. Pour en faire quelque chose qui lui serve non seulement à relever la tête, mais qui serve aussi à ceux qui ont traversé la même épreuve que lui. Il me plaît à penser que mon amour remet le réservoir à niveau quand il a trop puisé dedans. Mais je me demanderai toujours où le jeune et bel homme qu'il était en 1997 a trouvé l'élan nécessaire pour faire un choix aussi radical que de s'engager dans la Légion.

SI J'AVAIS ÉTÉ UN HOMME, je ne pense pas que j'aurais été capable, moi, de supporter pareilles conditions de vie, ni la voix tonitruante d'un donneur d'ordres… Surtout si ses ordres m'avaient semblé dénués de sens. Je n'aurais pas été capable non plus d'endurer les exercices physiques intenses et rudes auxquels les nouveaux engagés sont soumis dans des conditions inhumaines. Les marches de plusieurs dizaines de kilomètres, les pieds en sang parce qu'ils sont mal chaussés, le corps engourdi par le froid et la pluie faute d'un équipement épais et étanche, et le dos fourbu de porter plusieurs dizaines de kilos, des heures durant… Les nuits de bivouac qui n'assurent pas le repos réparateur nécessaire, les blessures qui ne sont pas soignées, et toujours l'obligation de se taire. Au sein de la Légion étrangère, dès les quatre mois de formation qui anticipent l'intégration définitive des hommes, l'expression « marche ou crève » prend tout son sens !

Et pourtant, tout cela n'est rien en comparaison de certains événements que Michaël m'a racontés, et qui relèvent autant de la torture physique que de l'humiliation, ce qui est le pire peut-être... Des souvenirs qui remontent à sa formation, à une époque où les gradés donnaient des coups de pied dans les côtes des jeunes engagés pendant qu'ils faisaient des pompes, les mains dans une boue forcément glissante. Des souvenirs que mon mari m'a livrés en riant, comme si tout cela relevait de la blague. Minimiser la gravité des faits, en rire même, c'est le système de défense de Michaël depuis toujours. Mais c'est un système qui ne peut pas fonctionner toute une vie durant. Il y a des limites à ce qu'un homme peut encaisser, même un dur de dur dans la Légion.

Je l'ai dit, lorsque nous nous sommes rencontrés, il parlait très peu. Mais en dehors des cauchemars qui agitaient son sommeil, la nuit, parfois au point de le réveiller, il paraissait assez serein. Lorsqu'il était sombre et que je l'interrogeais, il me disait qu'il pensait à ses enfants, à des milliers de kilomètres, que son fils, qu'il avait élevé pendant plusieurs années et dont il se sentait si proche, lui manquait terriblement. Je le croyais, et d'ailleurs il disait vrai : son fils lui manquait. Seulement il n'y avait pas que cela. Il avait déjà vécu bien des situations traumatisantes, et pas seulement sur les terrains de guerre. La dureté de la formation des légionnaires ne les forme pas seulement à devenir des combattants endurants en opération : elle sert aussi à distinguer, parmi les postulants, ceux qui seront le plus à même d'encaisser des horreurs le plus longtemps possible avant de craquer. Je pense que les coups dans les côtes – pour ne citer que cet épisode-là – ne furent que la toute première couche d'un matelas de douleurs et d'humiliations aujourd'hui bien trop lourd à porter pour Michaël comme pour les centaines de ses frères d'armes que la Légion a brisés.

JE ME SUIS UN PEU RENSEIGNÉE, et l'histoire m'intéresse : la Légion étrangère a été créée en 1831 par le roi Louis-Philippe avec une double ambition. D'abord, il s'agissait d'éloigner de France les officiers et les soldats que leurs idées libérales rendaient dangereux pour la monarchie, mais aussi les milliers de réfugiés politiques qui avaient afflué dans le pays à la suite des mouvements révolutionnaires qui avaient agité l'Europe depuis 1789. Ensuite, la France avait entrepris de coloniser l'Algérie et elle manquait de bras… Le roi a offert aux premiers un statut, le gîte et le couvert aussi, quoique les débuts sur le plan de la logistique aient été difficiles, et il les a envoyés outre-Méditerranée, sous le commandement de militaires de carrière français qui, eux, connaissaient les règles et l'ordre. Ainsi, Louis-Philippe a fait coup double. C'est vrai qu'à ce moment-là, et pendant un bon siècle encore, il suffisait quasiment d'être partant pour partir ! Il est donc logique que des hommes qui avaient quelque chose à cacher, ou à fuir, se soient engagés volontairement dans la Légion. Le jeune légionnaire étant obligé d'abandonner son identité pour cinq ans – c'est encore le cas aujourd'hui –, il disparaît tout simplement de la surface de la terre. Il rompt avec son passé, il n'est plus responsable de ce qu'il a pu faire, ou oublier de faire... Il devient quelqu'un d'autre et s'offre un nouveau départ. S'il a de la chance, il s'offre aussi un avenir.

Quand la Légion étrangère défile sur les Champs-Élysées, chaque 14 Juillet, après les autres unités à pied, aériennes, motorisées ou montées, clôturant la parade au rythme lent de quatre-vingt-huit pas par minute, c'est comme le bouquet final du feu d'artifice. L'apothéose. Les spectateurs applaudissent à tout rompre. Ceux qui se déplacent et attendent pendant des heures, parfois sous un soleil de plomb – ou sous une pluie battante ! – connaissent les spécificités de la Légion et admirent ses hommes pour leur courage et leurs aptitudes au combat. D'autres, au contraire, en ont une mauvaise image. Ils pensent que c'est une armée composée de criminels qui cherchent à éviter la justice de leur pays, ou des candidats à la nationalité française qui n'ont rien trouvé de mieux pour obtenir des papiers. C'est mal connaître nos lois et mal connaître la Légion étrangère. La Légion d'aujourd'hui en tout cas. Et c'est ignorer qu'il y a aussi des Français dans ce corps étranger, des hommes comme Michaël, prêts à abandonner le privilège de leur nationalité, pour les cinq premières années de leur engagement, prêts à servir leur pays comme s'ils avaient quelque chose à y gagner.

Bien sûr, comme autrefois, le meilleur légionnaire que l'armée de terre puisse espérer vient d'un pays lointain et il n'a pas de famille. Il est plus facile de l'envoyer, lui, l'étranger, accomplir le sale boulot et risquer sa peau : il ne vote pas, il n'a personne, parent ou ami, qui demandera des comptes à l'État pour lui. S'il n'est pas content, c'est simple : qu'il rentre chez lui, dans sa misère et sa solitude ! En cas de conflit, les légionnaires partent en premier pour faire le ménage, préparer le terrain, et jusqu'au camp, pour les militaires des autres corps d'armée qui viendront après eux. Là aussi, il s'agit d'une tradition qui dure. Aujourd'hui encore, ils se tuent à monter des bâtiments en bois en plein hiver, trouvant ce qu'il faut sur place, ou faisant avec ce qu'ils trouvent… Ils font marcher l'économie locale, et parfois, indirectement et bien malgré eux, ils financent le terrorisme. Mais ils ne se mêlent pas de politique...

J'AI REGARDÉ de nombreux documentaires sur la Légion. Je les ai trouvés notamment sur Internet, sur le site de l'INA, l'Institut national de l'audiovisuel, mais aussi sur Dailymotion et YouTube. Il n'y en a pas tant que ça et ils ont évidemment été filmés avec l'accord de l'armée : on n'y voit pas le plus difficile, il est clair que les journalistes n'ont pas pu montrer toute la réalité, n'en ayant pas été les témoins. Mais même sachant cela, les images suscitent l'empathie et forcent le respect. On y voit des hommes venus de tous les pays du monde, parfois déjà mariés et pères de famille chez eux, qui font le choix de la France, tout simplement. Ils vivent dans un tel dénuement qu'ils sont prêts à donner leur vie à notre pays pour avoir de quoi vivre au quotidien, ainsi qu'une solde – pourtant pas bien replète – qu'ils puissent faire parvenir à leurs proches. Pour avoir droit à cela, pour assurer leur survie de façon honnête, ils font preuve d'une grande abnégation et d'un courage exemplaire. C'est ce que la Légion appelait à sa création « devenir français par le sang versé »... En 1999, une loi devait enfin faciliter l'obtention de la nationalité. Jusqu'alors, il fallait suivre le processus de naturalisation classique – jusqu'à ce qu'un légionnaire parachutiste polonais, qui avait perdu une jambe à Sarajevo, se batte pour devenir français en récompense du « sang versé ». Depuis, donc, une loi permet aux légionnaires étrangers blessés dans le cadre de leur travail d'être naturalisés. Elle ne concerne donc toujours pas tous les engagés…

MICHAËL A DÉFILÉ trois fois sur les Champs-Élysées lors de la parade du 14 juillet, en 2004, en 2008 et en 2011. Cette dernière fois en tant que porte-drapeau, avec une fierté supplémentaire donc, car c'est un honneur pour un militaire que de porter l'emblème du régiment. À deux occasions, le 30 avril 2005 à Mayotte et le 30 avril 2015 à Abu Dhabi, pour la célèbre fête de Camerone, il a défilé en tant que pionnier. Il portait même la barbe longue, le tablier de cuir et la hache sur l'épaule, trois symboles des pionniers, c'est-à-dire des sapeurs qui, jadis, étaient chargés de démolir les défenses de bois dur installées par l'ennemi. La barbe longue est un privilège : la signification de la barbe chez les légionnaires prend racine sur les champs de bataille. Comme les légionnaires pionniers montaient à l'assaut en premier, leur espérance de vie était très faible. De ce fait, ils avaient le droit, lorsqu'ils partaient au combat, de ne pas se raser et revenaient barbus lorsqu'ils survivaient. Revenir barbu d'un théâtre de guerre était alors perçu comme une sorte de trophée, prouvant sa bravoure aux yeux des autres. Les pionniers constituent aujourd'hui une unité de tradition stationnée à Aubagne et ce sont eux qui ouvrent la marche des légionnaires. Mais je reviens au 14 Juillet : par trois fois, donc, sur la plus belle avenue de France, Michaël a marché au rythme lent de quatre-vingt-huit pas par minute, celui du célèbre « Chant du boudin », la marche officielle de la Légion. Il s'est senti fier, chaque fois, de faire partie d'un corps d'élite de l'armée de terre. Mais lorsqu'il m'a raconté, à son retour, en 2011, dans quelles conditions il avait été logé les jours précédant le défilé, j'ai éprouvé, quant à moi, un sentiment de colère et de honte vis-à-vis de la France qui ne respecte pas les hommes qui la défendent...

Propriété de l'État, le Fort de Nogent, en réalité situé sur la commune de Fontenay-sous-Bois, dans le Val-de-Marne, tout près de Paris, présente une grande capacité d'hébergement. Il se trouve que, de l'hiver 2006 jusqu'au printemps 2015, il a abrité un Centre d'urgence de l'Armée du salut : pendant les mois les plus froids, 160 malheureux qui n'ont pas de toit peuvent y dormir au chaud. Ce sont les mêmes lits-picots, de simples toiles tendues sur un cadre métallique, qui ont échu aux légionnaires du défilé pendant cette période. Michaël m'a raconté qu'à son arrivée, les lits et les couvertures étaient demeurés à l'endroit où ils avaient servi pour la dernière fois, à la fin de l'hiver précédent… et en l'état. Ses collègues et lui ont dû tout sortir et nettoyer à grande eau par eux-mêmes, de même qu'ils ont restauré les sanitaires. Pour être sûrs que les soldats du rang, traités comme des adolescents, se tiennent correctement et arrivent en bonne tenue sur les Champs à l'heure dite, leurs chefs leur ont interdit de sortir de l'enceinte du fort dès leur arrivée, plusieurs jours avant le défilé, et jusqu'au 14 juillet. Ils ne pouvaient même pas sortir acheter une nourriture décente… alors qu'ils étaient nourris des plats périmés réservés aux sans-abris… Bien entendu, les officiers avaient le droit, eux, de se restaurer où bon leur semblait, et ils bénéficiaient de chambres propres, à l'écart. Or, depuis 2015, les dortoirs du Fort de Nogent sont réservés aux soldats mobilisés par le plan Vigipirate et par le plan Sentinelle. Ils bénéficient donc de meilleures conditions d'hygiène, mais le confort, lui, n'a guère été amélioré. C'est ainsi que la France traite ses militaires, les forces qui la défendent.

On peut imaginer que les conditions de vie ne sont pas meilleures en opération extérieure, et l'on peut même considérer qu'il n'y a là rien d'anormal, que des soldats, des guerriers, peuvent tout endurer, ou presque. Je l'ai dit, les légionnaires sont habitués à vivre à la dure. À survivre dans un inconfort contre lequel il ne leur viendrait même pas à l'esprit de se plaindre. Lors de la Première Guerre mondiale, des appelés, des hommes peu entraînés, voire pas du tout, et courageux – contraints de l'être ! –, ont passé des semaines, parfois des mois, dans des tranchées. L'on sait que beaucoup, parmi ceux qui ont survécu aux combats, sont devenus littéralement fous après leur retour chez eux. Ils souffraient d'avoir assisté à des scènes d'une violence inouïe qu'ils ne parvenaient pas à oublier. Mais surtout, ils étaient traumatisés parce qu'ils s'étaient sentis pris dans un piège duquel ils n'avaient pas pu s'extraire pendant des semaines. Jour après jour, ils avaient craint pour leur vie, harcelés par le bruit des obus qui tombaient parfois à quelques mètres d'eux seulement. Quand le silence se faisait enfin, ils demeuraient aux aguets, sans jamais pouvoir se reposer vraiment, parce qu'ils savaient que les tirs reprendraient, mais quand ? Enfin ils étaient seuls. Tous ensemble, mais seuls, loin de leurs proches et de leur environnement familier. On le sait : la souffrance d'un être humain plongé dans des conditions de survie difficiles va croissant dans la durée. En juin 2009,

Michaël est parti en Afghanistan. Bien sûr, ce n'était pas les tranchées de la Grande Guerre, mais au cours des six mois et demi qu'a duré l'opération, il y a vécu assez d'événements traumatisants pour y laisser une partie de son âme, et toute sa joie de vivre.

7

Putain, c'est la guerre

11 septembre 2001. C'est presque l'heure de l'ordinaire à Orange, et donc pour moi le moment de rentrer retrouver mon fils, Anthony. On va bientôt fêter son deuxième anniversaire. C'est encore un bébé, mais un grand bébé déjà, il a du vocabulaire, on discute bien tous les deux... Je passe d'abord au foyer boire une bière avec un collègue. La télévision est allumée. Dans la journée, j'ai entendu parler d'une histoire d'avions qui se sont crashés dans des tours, à New York. Ça m'a paru trop gros pour y croire. Je devais finir la remise à niveau de l'huile, de l'eau et du liquide des plaquettes de freins sur mon char, je

me suis concentré sur mon travail en me disant que je verrais ça plus tard. Et là, je vois. Les images défilent, non-stop, et je suis sidéré. Incapable de prononcer un seul mot. Ces avions qui s'incrustent dans les tours de béton et de verre comme un couteau dans une motte de beurre mou... Il y a des gens dans les avions, des hommes, des femmes, des enfants, et il y a des gens dans les tours, des maris, des épouses... Je n'arrive pas à y croire. Ce sont des faux. Des maquettes de tours et des maquettes de Boeing. Et ces corps qui chutent, à pic, pour échapper aux flammes, ce sont des pantins. Les autres, autour de moi, trouvent des mots pour exprimer ce qui leur passe par la tête :

— C'est pas des accidents, c'est pas possible.

— Des kamikazes. Ils attaquent l'Amérique, balance un copain.

— Les ordures, ajoute un autre. Ordures d'Arabes !

— Les fils de putes... Ah, les enculés !

Devant des images aussi incroyables, notre vocabulaire n'est pas très fleuri...

— Putain, c'est la guerre.

Sous le choc, nous n'avons pas de réflexion plus poussée sur les incidences que cet événement pourrait avoir sur la politique mondiale, et par ricochet sur la vie des militaires français, sur la nôtre. Nous voyons des pompiers, des policiers, couverts de cendre et de sueur, courir dans tous les sens pour aider les gens, filmés au téléphone par des New-Yorkais qui se trouvaient là, au pied des tours, et qui ont eu plus de chance que les autres. Les images bougent, tout le monde court, crie, beaucoup pleurent, c'est la panique. Mais ils sont loin, en Amérique, et le vol le plus long que j'ai fait m'a emmené en ex-Yougoslavie, autant dire chez nos voisins... Parmi nous, personne n'imagine que les quelques djihadistes qui viennent de tuer plusieurs milliers d'Américains parfaitement innocents – dont, forcément, des Arabes, des musulmans – pourraient aussi changer nos vies un jour. Pour l'instant, face aux images délirantes qui défilent sur l'écran, je me dis juste ceci : même si nous sommes légionnaires, aguerris au combat, prêts à nous battre contre l'ennemi que nos chefs nous désignent, le fait d'être aussi impuissants face à une violence pareille nous ramène à notre état d'hommes comme les autres. J'ai mal au cœur pour eux, mais je ne peux rien faire. Je me dis que c'est la guerre, oui, peut-être, une guerre qui ne fait que commencer, mais je suis français, membre d'un corps d'armée française, et cette guerre ne me regarde pas.

Un an plus tard exactement commence une autre guerre qui ne me regarde pas plus, et dans laquelle je vais pourtant m'impliquer puisque je vais partir en Opex (opération extérieure) pour la deuxième fois de ma carrière. En Côte d'Ivoire, des soldats rebelles tentent de prendre le contrôle de plusieurs villes, dont Abidjan, la capitale, où ils échouent... Mais ils parviennent à leurs fins dans le centre du pays à Bouaké, et dans le nord du pays, à Khorogo. À partir de là, les populations vont se diviser, comme le pays qui est coupé en deux entre le Nord et le Sud. Les hommes se battent avec le peu de moyens qu'ils ont, des armes blanches essentiellement. La France assure une présence militaire visant à protéger les civils entre eux. C'est la Force Licorne, dont je vais faire partie pendant quatre mois, de juin à octobre 2004, juste avant que les choses ne dégénèrent encore plus.

Quand j'arrive, je connais déjà la Côte d'Ivoire : j'y ai passé quatre mois, en 2000, en tant que « renfort temporaire étranger », ce qu'on appelle dans notre jargon une « tournante ». Parmi les militaires présents en continu dans cette ancienne colonie française devenue indépendante, je faisais partie des premiers légionnaires envoyés là-bas depuis dix ans, temporairement intégrés au 43e BIMA (Bataillon d'infanterie de marine). C'était une mission des plus tranquilles. On a fait des reconnaissances dans tout le pays, et même un peu de tourisme : la Grande Mosquée de Yamoussoukro, les réserves de forêt tropicales, mais aussi quelques sorties bien sympathiques dans les bars et les discothèques du coin… Il arrivait qu'on passe le week-end au bord de la mer dans des hôtels tout confort, et la semaine, c'était bien agréable aussi : pas de corvées, il y avait du personnel, des boys, qui faisaient tout à notre place. La vie de colons, quoi… Je me suis souvent demandé ce que je fichais là : je ne m'étais engagé que depuis trois ans, c'était ma deuxième sortie du territoire français après l'ex-Yougoslavie, dans des conditions qui n'avaient rien à voir, et je crois que j'avais un peu honte… Après j'ai réalisé que ces tournantes, qui reviennent presque à quatre mois de vacances payées, servent aussi à recharger les batteries des soldats. Quand on a été confronté à des situations pénibles, quand on a côtoyé la mort, soit qu'on l'ait frôlée soi-même soit qu'on ait été obligé de la donner, une mission de ce genre dans un pays baigné de soleil est une sorte de récompense. Si on doute des raisons pour lesquelles on s'est engagé, s'il nous vient à l'idée qu'on n'est pas payé bien cher pour tuer des hommes – et pas que des hommes – et se débrouiller avec ça tout le reste de notre vie, si le quotidien dans un régiment nous paraît tellement ennuyeux qu'on en arrive à espérer qu'une guerre se déclare pas loin, alors quatre mois au soleil peuvent redonner le moral. En tant que jeune légionnaire, cette tournante-là m'a aussi permis de constater que tous les militaires français ne sont pas logés à la même enseigne : j'ai vu les officiers du BIMA qui vivaient en Côte d'Ivoire à l'année, avec leur famille, dans des maisons bien protégées avec piscine, des boys pour faire le ménage et la lessive... Je me suis demandé si on exerçait tous le même métier. Mais j'ai aussi été conforté dans mon choix : je m'étais engagé non pas pour me planquer mais pour être actif, sur le terrain, au service des gens. L'Opex de 2004 allait m'en donner l'occasion.

ON PASSE D'ABORD DEUX MOIS au camp de Duékoué, une ancienne école, désormais trop petite, et de là on part à Man où l'on aménage un camp dans une autre ancienne école plus vaste. Les légionnaires ont toujours été utilisés comme main-d'œuvre par les autres corps d'armée. Ça fait partie de notre histoire, et donc de notre formation, nous sommes des bâtisseurs... Mais on patrouille aussi. Partout où je passe, je constate que le pays a beaucoup changé en seulement quatre ans. C'est simple : tout est cassé. Dans les villages, les gens s'entretuent. Ils ne veulent surtout pas que l'armée française s'en mêle. Ils sont armés de machettes, c'est tout. C'est assez pour laisser des corps mutilés agoniser au bord des routes et dans les fossés, mais pas assez pour lutter contre nous. On tire un coup en l'air, les tueurs se dispersent. Personnellement, je ne me sens pas plus menacé que ça et je me dis que cette opération, au moins, a du sens. On ramène un peu de calme là où nous passons, certains protègent les ambassades dans la ville d'Abidjan, moi, je suis stationné à Man, dans l'ouest du pays. Là, dans un contexte difficile parce que les gens souffrent, je vais vivre une des expériences les plus divertissantes de ma carrière...

En 2002, les rebelles ivoiriens ont mis à sac la Banque centrale des États d'Afrique de l'Ouest à

Man. Après quoi l'armée régulière a installé ses quartiers dans le bâtiment où tout le monde pense qu'il n'y a plus d'argent. De là, elle surveille et sécurise les environs. Et bizarrement, certains de ses membres s'enrichissent. Au fil des semaines, on en voit de plus en plus mener grand train. Ils portent des montres en or, des bijoux, ils en envoient autant à la maison, et des téléphones, et des magnétoscopes, et des parfums de luxe, tout ça tellement bien imité qu'il faut être expert pour ne pas s'y tromper... Et vendu au prix des produits authentiques, ou quasiment ! Avec la solde qu'on touche, il est impossible qu'ils se payent tout ça. Ou alors ils sont vraiment de très bons négociateurs, et il faut qu'ils nous apprennent comment faire ! Des locaux commencent à venir nous voir, nous aussi, les membres de la Légion. Ils nous proposent les mêmes montres de marque, et comme on leur répond qu'on n'a pas les moyens de se les offrir, que l'armée ne rapporte pas assez, ils répondent : « Mais si, eux, là-bas, avec les bérets bleus, ils ont les sous. » Un officier supérieur de l'opération Licorne, venu en inspection à Man, a vent de l'affaire et nous mandate, nous, légionnaires, pour enquêter. Alors pendant deux, trois semaines, nous sympathisons avec ces bérets bleus. Nous nous incrustons doucement parmi les collègues. Et quand nous sommes sûrs de nous, et prêts à intervenir, c'est ma section au grand complet qui fait une petite visite à la banque, au début de la nuit, quand tous sont bien fatigués de leur journée et de l'alcool de la soirée. En quelques minutes, nous immobilisons tout le monde et nous comprenons ce qu'il s'est passé. Les plus maigrichons des militaires se sont introduits dans la salle des coffres en passant par les bouches d'aération et ils se sont servis. Belle mentalité... Ils nous offrent un vrai spectacle folklorique. Certains pleurent, ils demandent déjà pardon, d'autres disent, comme des gamins à l'école : « Mais c'est pas moi, c'est lui ! » On ne les a même pas encore embarqués qu'ils se balancent entre eux. Une vraie bande de Playmobil !

Sur le moment, cette histoire nous fait rire. Elle nous conforte dans l'idée que nous nous faisons de la plupart des bérets bleus : ils n'ont pas de code d'honneur. Ce sont des jeunes qui s'engagent comme on va bosser sur les marchés ou à l'usine ; il n'y a pas vraiment de sélection, pas beaucoup de règles à respecter, ils se promènent les mains dans les poches, le portable à la ceinture et ils claquent la bise au sergent. Ils ne respectent pas plus l'armée que le drapeau ni leurs frères... Qu'ils ne considèrent pas comme des frères. Entre légionnaires, nous avons tous conscience que, si nous avions eu cet état d'esprit, nous serions devenus mercenaires. Entre nous, il n'y a pas de voleurs. Chaque fois qu'on rentre de mission, un fourgon blindé vient au quartier pour distribuer les primes, chacun prend son enveloppe et la laisse sur sa table de chevet pour aller prendre la douche. On sait qu'elle y sera toujours quand on reviendra. On s'entraide si l'un de nous est dans le besoin. On n'a pas besoin de reconnaissance de dette. Nous ne sommes pas des criminels sans foi ni loi comme certains le pensent.

C'est certain, dans la Légion étrangère, en tout cas pendant les vingt années où je l'ai servie, une histoire comme celle-là ne serait jamais arrivée. Si un seul d'entre nous avait eu juste l'idée de commettre un vol, il aurait perdu sa place parmi nous, immédiatement. Quelque temps après, avec du recul, cette aventure ne nous amusera plus autant : je sais que certains bérets bleus ont planqué de l'argent sur place en pensant revenir le chercher à la fin de leur mission. Je sais aussi que seulement douze d'entre eux – sur les vingt-cinq concernés – ont été jugés au tribunal pour « vol en réunion par personne chargée d'une mission de service public et de recel de vol», et qu'ils ont écopé de peines tellement légères – un an de prison ferme, au maximum. Je sais que même la ministre de la Défense de l'époque, Michèle Alliot-Marie, a souligné que c'était une clémence excessive. Ils ont quand même volé au total 220 millions de francs CFA, ce qui correspond à environ 337 000 euros, et un tiers seulement de la somme a pu être récupéré. Ils ont volé de l'argent aux Ivoiriens qu'ils étaient censés protéger. Ils se sont enrichis pendant que certains de leurs collègues, eux, risquaient leur peau. Et la laissaient sur le terrain... : rien que le 6 novembre 2004, une dizaine d'hommes étaient tués, essentiellement des marsouins du RICM et du 2e RIMA, et trente-sept étaient grièvement blessés. La Côte d'Ivoire ne voulait plus de la présence des militaires français sur son sol.

QUAND J'APPRENDS ces tristes nouvelles, mes frères et moi sommes déjà rentrés de cette Opex où nous avons été utiles, sûrement, mais pas essentiels. Après un premier contrat de cinq ans dans la Légion, j'ai demandé à être « rectifié », c'est-à-dire que j'ai récupéré mon vrai nom et ma nationalité française. La mère d'Anthony, qui est devenue ma femme, donne naissance à une petite fille, Anaïs. Je lui transmets mon patronyme, rien d'autre. Je ne la connaîtrai pas, ou si peu, et ma femme ne souhaitera maintenir entre nous qu'un lien financier, celui de la pension alimentaire que je lui verse, bien sûr. On me propose de partir à Mayotte pour deux ans, je pars. De là-bas, je divorce. Je reste le père d'Anthony, il me manque, c'est mon petit bonhomme, mais la vie veut que nous soyons séparés. Bien sûr, c'est aussi moi qui fais mes choix. Mais c'est comme si quelque chose de plus fort que moi me gardait lié à la Légion plus qu'à tout ce que je pourrais construire dans ma vie en ayant un travail dans le civil, une famille... En fin de compte, je ne me suis pas engagé que pour fuir le nord de la France, voir du pays, être un homme. Je me suis engagé pour donner un sens à ma vie. Alors oui, je vais profiter de deux années à Mayotte, sous un climat de rêve, dans un certain confort, car après, je le sais maintenant, il y aura autre chose. Je n'ai pas fini de découvrir le monde, et je n'ai pas fini de travailler dans la Légion, tout simplement.

À mon retour de Mayotte, en 2007, je ne suis plus seul : Mercédès est avec moi. Je retrouve mon fils, une fois de temps en temps, et je découvre un peu la petite. Pour deux années encore, je me retrouve affecté au 1er régiment étranger, à Aubagne. Je n'ai pas choisi. Il y a beaucoup d'anciens dans les bureaux, dont moi, on mène une vie pépère, à peine sportive : on court tout seul, chacun pour soi, et donc pas longtemps puisqu'on n'est pas obligé de fournir le moindre effort. Après le rassemblement, le matin, on ne va même plus forcément à la salle de musculation : à quoi bon entretenir sa forme physique si on n'est plus appelé sur le terrain ? Il est clair pour moi que le poste administratif que j'occupe n'est pas le bon. J'ai l'impression d'être un planqué parmi les planqués, que je vis ma fin de carrière alors qu'il me manque encore quelque chose. Paradoxalement, les bureaux, c'est ma mort. L'Opex possible pour me sortir de là me conduirait en Afghanistan. Trop dangereux ? Mes frères y vont bien... Des frères que je ne connais pas : seuls des hommes des régiments de combat sont partis là-bas et je n'ai pas de contacts avec eux. Je ne connais donc personne susceptible de m'alerter sur l'impact qu'une telle opération pourrait avoir sur ma vie. Et tant mieux. La guerre, ça peut paraître terrible à dire, comme ça, mais j'aime la faire. C'est extrême, mais c'est le seul endroit où je suis utile. Je ne dirais pas que je n'ai pas peur, mais j'ai besoin d'une nouvelle dose d'adrénaline avant de prendre ma retraite. Or on demande du monde pour l'Afghanistan…

Depuis mon entrée dans la Légion, en 1997, quinze ans ont passé. J'arrivais de Picardie, des champs de patates, du désert de relations humaines qu'était ma famille, je ne connaissais rien à rien, j'ai découvert beaucoup d'endroits et de choses dont j'ignorais même l'existence. Et j'ai côtoyé beaucoup d'hommes, comme moi, qui fuyaient certainement leurs problèmes mais pas forcément un passé honteux. Des hommes qui voulaient donner un sens à leur vie, et s'il le fallait, à donner leur vie aussi. Après le 11 septembre 2001, j'ai appris ce que sont les intégristes, qui sont les talibans, ce qu'est le Parti islamique en Afghanistan, j'ai vu comment les Américains se battent pour les repousser. J'ai compris que le monde est officiellement en paix avec les Russes, mais que les Russes entretiennent des guerres en vendant des armes au monde entier… Oui, j'ai peur. Mais pas assez pour me retenir, et tant mieux parce que je ne pourrais plus me regarder dans la glace. J'ai peur, mais un soir, je parle avec Mercédès :

— Ils cherchent des volontaires pour l'Afghanistan. Six mois.

— Six mois... C'est très long, six mois, tu ne crois pas ?

— C'est bien payé. C'est risqué, c'est sûr, mais c'est bien payé.

— D'accord Michaël, je t'entends... Mais réfléchis à ceci : s'il n'y avait pas la question de l'argent, si nous étions à l'aise financièrement, envisagerais-tu d'y aller ?

Après douze ans au sein de la Légion, je gagne environ 1 550 euros par mois. Pendant l'Opex, ce sera 3 500 euros. C'est une sacrée différence, et oui, une bonne raison d'y aller. Mais ce n'est pas tout en effet. Mercédès m'a posé la question qu'il fallait. La seule dont la réponse pouvait soit me retenir à Aubagne, soit me faire partir. Et c'était oui.

— Si tu penses que tu dois partir, même dans une région si dangereuse et même pour six mois, vas-y, je ne t'en empêcherai pas.

Le lendemain, je me porte volontaire. J'ai suivi et validé les stages de conduite blindé léger, je sais manier la mitrailleuse 12.7, je suis caporal-chef, apte à donner des ordres et à gérer un groupe de combat, notamment sur Vab Top, le dernier né des chars dans lequel tout est électronique. Bref, je suis le candidat idéal. Mon nom est aussitôt ajouté sur la liste des partants et la date est bientôt fixée : le 28 juin 2009, je m'envolerai pour l'Afghanistan.

8

Il ne se passe rien

Printemps 2009, séance de projection. Des montagnes, des plateaux plus ou moins boisés, des étendues vastes comme je n'en ai jamais parcourues. Elles sont blanches en hiver, sèches l'été. À perte de vue, des cailloux, des sentiers qui serpentent entre des bosquets et des rochers, mais pas un village, pas un homme. Pourtant, ce territoire, il est habité et convoité. Il se situe à l'est de l'Afghanistan, du côté de la frontière pakistanaise où les intégristes, qu'on appelle talibans, luttent dans l'espoir de reprendre le contrôle du pays. J'ai une vision un peu simpliste de la chose et je m'en satisfais : on ne doit pas les laisser y parvenir, sinon il y aura d'autres avions dans d'autres tours. Une coalition internationale, placée sous l'égide de l'OTAN, tente donc de les éliminer. Pendant la préparation sont réunis le 2e régiment étranger au complet, plus des volontaires du 1er RE, plus une compagnie de commandement : en tout, un peu plus de quatre cents hommes. Nous sommes conscients que notre présence et notre engagement ont un sens parce qu'il vaut mieux des soldats aguerris comme nous plutôt que des gamins de dix-huit ou vingt ans peu formés. De toute façon, on est soldats, on est là pour exécuter les ordres, pas pour les comprendre. À force de nous le répéter, c'est entré dans nos têtes. On a tous bien verrouillé…

Nous sommes réunis pour trois mois au camp de Mailly, dans l'Aube. 12 000 hectares, largement assez pour les bivouacs, la conduite de véhicule, l'entraînement au combat en zone désertique. Depuis que je suis allé à Sarajevo, il y a douze ans, les IED ont changé. J'apprends comment ils sont fabriqués maintenant, mais surtout comment ils se déclenchent – parfois à distance, par le biais d'un téléphone portable – et je découvre quels dégâts ils sont capables de produire. Parmi les images du diaporama, il y a des véhicules qui ont sauté. Pas de corps. Par décence, on ne montre pas les corps.

La Légion dans son ensemble compte environ 8 000 hommes qui changent systématiquement d'affectation tous les deux ans. C'est ce qui explique qu'on se connaisse finalement assez mal les uns les autres. Même si on crée des liens d'amitié, surtout entre soldats du rang, il n'est pas facile de les faire perdurer sur toute une carrière. Le stage de préparation pour l'Afghanistan nous permet de nous découvrir et de souder un peu le groupe avant le départ. Il permet aussi de repérer, sans attendre, lesquels parmi nous sont volontaires mais risquent de ne pas tenir le coup sur place. Psychologiquement, on nous prépare à vivre une Opex exceptionnelle. On nous annonce clairement la couleur : danger. Il y aura des embuscades, il faudra se tenir prêt, à chaque seconde, prêt à riposter, donc à tuer, en tout cas à agir sans la moindre hésitation dans l'intérêt de tous, parce qu'il est certain qu'on ne se trouvera jamais face à un tireur isolé mais face à des groupes organisés et lourdement armés.

On nous rappelle l'embuscade de la vallée d'Uzbeen. Le 18 août 2008, moins d'un an avant notre départ, une centaine d'islamistes embusqués sur les crêtes a fait feu sur une trentaine de soldats sortis en mission de reconnaissance. Le combat a duré plusieurs heures. Il s'est soldé par la mort de dix de nos hommes : huit étaient issus du 8e RPIMA (régiment de parachutistes d'infanterie de marine), un du régiment de marche du Tchad, et un infirmier du 2e régiment étranger de parachutistes. Vingt-et-un autres hommes ont été blessés. Combien de talibans ont été tués ? Je n'en sais rien et je m'en fiche. Ce que je sais dans l'histoire, c'est de quel côté sont les gentils.

Comment agirons-nous si nous nous trouvons pris dans la même situation ? Est-ce qu'on aura le cran de faire face ? Personne ne se pose de questions à mon sujet. Je ne m'en pose pas non plus. Après chaque nouvelle journée de préparation, je me sens bien. À ma place. J'entrevois l'opération à laquelle je vais participer, je ne doute pas une seconde que je saurai y tenir mon rang, qu'on pourra compter sur moi. Je ne me dis pas que je vais risquer ma vie en Afghanistan davantage qu'en ex-Yougoslavie : sur place, on ne se retrouvera pas largués seuls dans la pampa, il y a de l'appui, des types très bien formés et aussi très bien équipés pour ce genre de mission. Je suis déterminé, et fier même : cette Opex sera sans doute la dernière de ma carrière, autant qu'elle fasse partie des plus difficiles. Quant au sens que je lui donne, c'est simple : si les Américains n'avaient pas débarqué sur les côtes normandes en juin 1944, je parlerais allemand. Soutenir les Américains en Afghanistan contre les talibans, c'est juste logique.

Le séjour, pour chacun de nous, doit se dérouler en trois temps : 150 hommes environ seront basés à Kaboul pendant deux mois pour patrouiller dans la ville et ses environs immédiats, surtout histoire d'assurer une présence forte, de montrer que l'armée se tient prête à intervenir. Le même nombre d'hommes sera déployé sur Tora pour finir de monter le camp où loge aussi le commandement logistique (pour les camions, les munitions, la nourriture, etc.). Et une troisième partie du régiment ira à Rocco, plus loin, dans une vallée, où un camp doit être complété. Il faut finir d'y construire les logements – des baraquements en bois –, les sanitaires, de remplir les hescos-bastions, qu'on appelle aussi des « estancos », ces immenses sacs de sable enserrés dans des grilles métalliques et qui servent de protection contre le souffle des explosions et les tirs. Tous les deux mois, nous tournerons, si bien que je ferai tous les postes. Pas de chance, c'est dans le dernier, à Rocco, perdu dans la neige, cerné de ravins, sans équipement de communication et accessible uniquement par hélicoptère, que je vais rester le plus longtemps.

MERCÉDÈS ET MOI, nous nous sommes dit au revoir à la maison. Au revoir pour six mois. Je ne pense pas pour toujours. Même en Afghanistan, même à la guerre, on ne part pas pour mourir. Il y a quelques jours, je suis passé au commissariat de notre petite ville. J'ai donné notre adresse, demandé à ce qu'ils veillent un peu sur ma femme jusqu'à mon retour. Ils ont été compréhensifs, ils m'ont promis qu'ils passeraient dans la rue aussi souvent que possible, qu'ils seraient vigilants. Dans mon sac, j'ai glissé un des PC portables que j'ai achetés en double et grâce auquel, j'espère, on pourra communiquer par Skype. Je sais qu'on sera surveillés, c'est normal, il ne faut pas que les gars sur le terrain dévoilent des informations que l'ennemi pourrait intercepter et utiliser contre nous, en matière de déplacements notamment. Dans ce PC, j'ai aussi plein de photos de la semaine de vacances que nous avons passée ensemble, à la maison, recevant de nombreuses visites de membres de la famille et d'amis. Mercédès va me manquer, je le sais, mais elle sera aussi ma première motivation pour rentrer vivant. Elle a pris sur elle pour ne pas me montrer son inquiétude, au contraire, on a fait le plein de souvenirs joyeux, et le plein de projets aussi, pour après. Je l'admire pour son courage, et j'aime bien sentir qu'elle m'admire un peu aussi.

Le 28 juin 2009, je rejoins le bus et les copains, à Nîmes, au 2e REI, et nous montons jusqu'à Paris, dans le calme. Chacun garde ses écouteurs sur les oreilles ou un bouquin entre les mains. Chacun se concentre sur ses pensées, et c'est aussi une façon de se préparer. Six mois, on le sait, ça va être long. Ceux qui ont des enfants s'inquiètent de les laisser, ils ne savent pas très bien comment ils seront à leur retour, comment ils auront grandi et changé, et si les plus jeunes les reconnaîtront. Les miens, j'essaie de ne pas y penser. Anaïs, je ne la connais pas du tout et je sais que je ne lui manque pas puisqu'on n'a pas de liens. Anthony, c'est différent, mais je le vois déjà tellement peu souvent. J'espère juste qu'on sera plus proches quand je rentrerai, même si ce n'est que plus tard, quand je prendrai un boulot dans le civil : peut-être qu'avec une vie plus normale, être un vrai père sera possible. Ce qui est fou, et je ne le réalise qu'aujourd'hui, c'est qu'aucun d'entre nous ne se demande comment on sera, nous, à notre retour. Est-ce qu'on aura changé ? Est-ce qu'on sera capables de reprendre notre vie là où on l'a laissée ?

Mercédès l'a dit : quand nous nous sommes rencontrés, je ne parlais pas beaucoup. Et je ne parle pas plus avec mes frères d'armes. En tout cas pas de l'essentiel. C'est une règle que tout le monde respecte : ce qu'il se passe sur le terrain reste sur le terrain. Dans le travail, je m'en tiens aux informations pratiques, concrètes, aux ordres, aux comptes rendus : après le boulot, à la proposition de boire un verre. Je ne suis ni dans le pourquoi ni dans le comment. Les choses se font, j'y prends ma part, c'est tout bête. J'ouvre à peine les yeux sur ce qu'il se passe devant et autour de moi. Je verrouille, même quand ce n'est pas nécessaire. Verrouiller, c'est devenu ma nature. Je ne vis pas : je fonctionne. Je regarde utile. J'écoute utile. J'enregistre utile.

ARRIVÉS À KABOUL, après la fouille des sacs à l'aéroport, la vérification des paquetages et des papiers, nous sommes pris en charge dans des Vab par les militaires français déjà en place et on se dirige vers Warehouse, le quartier général tactique des forces alliées, à dix kilomètres environ à l'est, juste à la sortie de la ville. Le camp, qui servait autrefois à l'armée russe, est occupé principalement par l'armée française, dont la Légion. Il comprend notamment une grande salle de sport, une bibliothèque, un foyer avec la télé, la possibilité d'écouter de la musique. L'ordinaire est spacieux et on y mange correctement. Nos « voisins » dans le camp sont américains et beaucoup mieux fournis que nous en termes d'équipements militaires – ils ont par exemple des gilets avec des poches suffisantes pour les balles – et d'outils indispensables – comme les lunettes infrarouges ou les sacs dans lesquels on trimballe tout notre barda. Avant de partir, j'ai investi presque mille euros de ma poche dans des maillots assez chauds pour supporter l'hiver dans les montagnes afghanes, des vestes polaires, des chaussettes et surtout un duvet, le tout dans les couleurs réglementaires, bien sûr. Mille euros, c'est les deux tiers de ma solde... La nourriture des Américains est aussi plus variée et plus consistante. Nous fraternisons, nous échangeons nos rations. Pour les cigarettes, nous nous fournissons chez les locaux qui ont ouvert leurs boutiques à proximité du camp : de tabac, donc, mais aussi de bijoux, parfums, téléviseurs… Comme si nous avions besoin de tout ça alors que nous sommes là pour maintenir les talibans à distance et protéger les civils, qui se battent parfois entre eux…

Dès que j'en ai l'occasion, lors des premières sorties de reconnaissance, j'observe utile : il y a des gens qui marchent dans les rues, des immeubles et des chaussées endommagés par des bombardements et par des tirs, oui, mais aussi de la circulation, de vieilles guimbardes qui bringuebalent sur des routes déformées, beaucoup de véhicules militaires, de police, de l'armée afghane. Peu de femmes, ou bien par groupes de deux ou trois, ou accompagnées par un homme. Toutes sont couvertes des pieds à la tête. Je me dis déjà que l'avertissement qu'on a reçu est justifié : il faudra se méfier des burqas. Sous le tissu, il peut y avoir n'importe quoi, et ça peut faire mal. On peut même en cacher bien plus que sous le blouson trop large du gamin de Sarajevo.

Mon moral est bon. Nous sommes tous concentrés. Il ne fait aucun doute que nous devons l'être. Déjà on nous détaille tous les signaux qui doivent nous alerter sur le danger : les gens qui s'approchent de nos véhicules, les voitures qui démarrent précipitamment avec plusieurs hommes à leur bord, mais aussi les enfants, et les femmes, donc. Tout. On doit se méfier de tout, tout le temps. Pourtant la vie semble se dérouler au ralenti. J'en ai confirmation lors de notre première sortie du camp de Kaboul, quelques jours plus tard : on découvre la ville plus en détail en effectuant des reconnaissances dans les rues, autour du camp d'abord puis dans un rayon plus large, nous apprenons à nous repérer dans l'environnement pour le cas où on devrait se déployer en urgence quelque part. L'activité économique ne ressemble pas du tout à celle qu'on connaît en France : seuls les hommes ont l'air d'avoir quelque chose à faire, et encore, on ne voit pas les employés de bureau, juste les commerçants et les clients. Tous sont habillés et coiffés de la même façon, barbus, apparemment tranquilles. Les ambassades, au cœur de la ville, sont devenues des forteresses : les bâtiments ont été cernés de murs de béton encore rehaussés de barbelés, ils sont solidement gardés, personne ne s'en approche. Il n'y a aucune interaction entre la population et les troupes armées présentes. La question du danger se pose de façon à la fois constante et lointaine. Tout peut arriver, on le sait, mais après chaque journée, on peut se dire qu'il ne s'est rien passé et que c'est aussi l'ordre des choses. Parce qu'on est là, justement, pour qu'il ne se passe rien. J'appelle Mercédès, le soir, deux ou trois fois par semaine. Je ne lui raconte pas autre chose : c'est tranquille, oui, ça va, il ne se passe rien.

9

Cela aurait pu être moi

Une voiture, un hummer américain, vient d'exploser, à cinquante mètres de moi. Elle a sauté sur un IED. Je vois des flammes, une fumée épaisse : même à cette distance, il est déjà clair qu'il ne reste rien. Rien, et malheureusement, j'en suis déjà à peu près convaincu, personne de vivant.

Nous sommes sortis de Kaboul pour aller étudier les lieux depuis les hauteurs, observer les mouvements, repérer les hommes et les voitures suspectes. Je me trouve à côté du conducteur, dans le Vab Top de tête, le « véhicule avant blindé » avec tourelle télé-opérée. Moi je suis le tireur, je vois tout sur l'écran, comme dans un jeu vidéo, grâce à la caméra placée au-dessus, sur la tourelle. Vision parfaite à 360 degrés, même de nuit. Et je ne suis même plus obligé de sortir dans la trappe à l'extérieur pour agir, seulement pour recharger. J'ai fait un stage au REC pour apprendre à m'en servir, je maîtrise l'outil et je l'apprécie : à son bord, je me sens autant en sécurité que possible. Mais ce que je vois sur mon écran pour l'instant, c'est juste cette épaisse fumée grise et un nuage de poussière. Et ce qu'on reçoit sur le Vab, ce sont des tirs. On nous tire dessus à coups de fusils mitrailleurs depuis un véhicule stationné à 30 mètres de nous environ. Je suis la procédure, sans hésiter : protection, dissuasion, je riposte et je rends compte à mon supérieur : mon chef de section, un jeune lieutenant de vingt-cinq ans tout au plus, qui se trouve dans le deuxième Vab, à 50 mètres derrière moi, avec onze hommes. Derrière eux, il y a encore un autre Vab avec le même équipage et le sergent-chef, mon chef de groupe tout droit sorti de l'école de Castelnaudary, sous-officier à l'âge de vingt ans... Ces deux véhicules reculent pour se mettre à l'abri. Moi, je ne peux pas, nous sommes déjà trop engagés. Je zoome avec la caméra pour traverser l'écran de fumée et tenter de comprendre la situation. Elle est simple : ce sont des militaires alliés qui nous tirent dessus depuis un blindé de l'ANA (Afghan National Army). Ils étaient là pour accompagner le hummer qui vient d'exploser et, dans la panique, sans savoir que nous sommes des alliés, sans doute parce qu'ils n'ont pas encore vu le drapeau français qui flotte à l'extérieur, ils tirent dans notre direction. Par radio, j'explique la situation au lieutenant qui transmet les informations à l'état-major, lequel contacte les Afghans. Après une petite demi-heure de tirs intermittents de part et d'autre, juste ce qu'il faut pour nous maintenir à distance les uns des autres, l'ordre de « halte-au-feu » arrive des deux côtés, les tirs cessent et la tension redescend un peu. En tant que responsable du véhicule, je suis chargé de couvrir le sous-officier – un sergent – et les hommes qui se trouvent à l'arrière. L'ordre de rester sur place est arrivé, par radio, c'est à nous de gérer la situation maintenant, seuls.

Quand deux des soldats afghans avancent, à pied, j'ouvre la trappe de toit et je sors – avec une arme, on ne sait jamais. Le pilote en fait autant. Nous écoutons leurs explications, dans un anglais basique qui correspond à peu près au nôtre : ils sont tombés dans une embuscade, ils nous ont pris pour des talibans, voilà pourquoi ils ont tiré sur nous. Mais ils sont bien contents de nous voir maintenant : un hummer a explosé, d'autres Américains sont en train de voler vers nous, leur hélicoptère va bientôt se poser, et si nous voulons leur prêter main forte, nous ne serons pas de trop pour sécuriser la zone, éviter qu'on devienne une cible, gérer la situation au plus vite avant que les talibans, éventuellement, attaquent à nouveau.

Gérer la situation, ça veut dire ramasser les corps des victimes. Elles sont quatre. Quatre soldats américains, morts à quinze mètres de nous, et dont les corps sont éparpillés sur un périmètre assez étendu. D'eux, il ne reste que des débris.

Après le sous-officier, en tant que caporal-chef, je suis le plus gradé. Le sergent doit rester auprès de notre Vab pour encadrer les hommes, il est logique que ce soit moi qui m'avance vers les Américains qui viennent d'atterrir, et il vaut mieux pour tous mes collègues qu'ils ne voient pas le carnage. Un autre légionnaire m'a quand même accompagné. C'est un Russe, caporal, un grand gaillard blond au physique de tueur, un bon mec. À plusieurs, on sera plus efficaces, plus vite. On ne nous demande rien. Aucun ordre ne nous est donné. Nous sommes des militaires français, alliés des Américains dans le soutien qu'ils apportent à l'armée afghane pour résister contre les talibans, les couleurs de notre drapeau ne comptent pas : nous sommes tous du même côté. Je verrouille.

Je me saisis d'un sachet de plastique. Je me penche et je ramasse ce qu'il reste d'humain parmi les débris de ferraille et de cailloux. Je pioche un doigt, une chaussure avec un pied dedans, quelques lambeaux de chair. Je ne pense pas à ce que mes doigts attrapent et posent dans le sac de plastique. J'ai verrouillé, comme je sais le faire depuis tellement longtemps. Je ne pense à rien. J'éprouve un peu de tristesse, mais surtout le sentiment de l'urgence : il faut à la fois faire vite pour déguerpir, aller mettre tous ceux qui restent sur la zone à l'abri, dont mes collègues et moi, mais aussi ratisser le terrain parfaitement parce que lorsque nous l'aurons quitté, il n'y aura pas de retour possible en sécurité. Un morceau de veste, une arme, des papiers… Un bras, une main… Je suis étonné qu'une bombe si petite qu'elle n'a pu être détectée par les Américains, très au point techniquement, soit capable de faire autant de dégâts.

Je verrouille, mais une petite voix dans ma tête me harcèle déjà : à quelques secondes près, mon vieux, c'était toi.

De retour au camp, les seules questions de mes supérieurs concernent le déroulement de l'opération et les causes de l'incident. Qui a tiré sur nous ? Pourquoi ? Le chef de section a déjà raconté les faits. Je n'ai pas grand-chose à ajouter. Personne ne me demande, non plus qu'au caporal russe qui a aidé à ramasser les morceaux de cadavres, comment nous nous sentons. Nous sommes en Afghanistan depuis un mois et demi, la mission doit durer encore cinq mois. Autant dire qu'il est important qu'on supporte les événements et qu'on reste opérationnel sur le terrain. Qu'on garde la tête sur les épaules, et que celle-ci soit toujours bien verrouillée. Mais personne ne cherche à s'en assurer. Le problème qui occupe les conversations, c'est que ça chauffe avec les talibans aux abords directs de Kaboul, aux portes de la ville, et donc que le danger se rapproche. Qu'est-ce que ça fait de ramasser des morceaux de corps ? Qu'est-ce que ça fait de toucher la mort, sans gants, en prenant entre ses doigts, dans la paume de ses mains, des lambeaux de chair ? Qu'est-ce que ça nous fait de réaliser qu'à quelques secondes près, quelques mètres, c'est nous qui sautions sur l'IED ? Que c'est nous qui serions là, éparpillés, bons à être récoltés par fragments ? Personne, personne ne semble même juste considérer que nous éprouvons une émotion quelconque. Allez, le boulot, c'est fini pour aujourd'hui, allons boire un coup.

Un coup ne suffira pas, ni trois, ni dix. Les images reviennent bientôt, comme des flashs, comme des photos qu'on nous mettrait devant les yeux, sans prévenir. La première nuit, je me dis que c'est normal de ne dormir qu'une heure ou deux avant d'être réveillé un long moment, puis de me rendormir… pendant quelques minutes. Cette histoire, quand même, ce n'était pas rien. Personne ne m'a demandé comment je l'ai vécue, et comment je la vis encore, mais je suis capable, malgré mes verrous, de comprendre que j'ai traversé une situation d'une intensité exceptionnelle et d'une dureté inimaginable. Si j'avais dû collecter les morceaux de corps de frères d'armes, il est probable qu'on m'aurait porté plus d'attention. Là, il s'agissait d'Américains dont je ne savais rien puisque je ne les connaissais pas. Mais ça ne fait pas une grande différence. Pour moi, tous les militaires engagés au même front, dans le même combat, pour la même cause, sont mes frères. Un flash : le véhicule explose, nuage impressionnant de poussière, de terre, de tôle et de chair mélangés. Il fait un bond et il retombe, disloqué. Un flash : une main, et un morceau de tissu, arraché. Je ne peux pas dire s'il s'agissait de la veste ou du pantalon. Un flash : les soldats au loin, tout petits, qui entourent le périmètre dans lequel nous fouillons les décombres. Des centaines de mètres carrés. Quatre hommes sur des centaines de mètres carrés. Le lendemain du drame, le commandement américain vient au camp pour nous remercier personnellement d'être restés et d'avoir participé aux recherches. Enfin... les éloges se font entre gradés. J'apprends que sur les quatre militaires morts, deux étaient pères de famille. Je sais qu'on aurait pu se contenter de sécuriser la zone en attendant que les Afghans et les Américains terminent, ou même faire demi-tour et rentrer au camp le plus vite possible. Je ne regrette pas ma décision pour autant : ce que j'ai fait, c'était juste humain. Il aurait pu y avoir un survivant... Cela aurait pu être moi... J'ai donc ramassé les morceaux de corps, avec mes mains d'homme, nues, et j'ai mis les morceaux dans des sacs-poubelles. Je ne sais pas si les corps, à la fin, ont pu être à peu près reconstitués.

Lors des sorties suivantes, nous sommes encore plus vigilants. Le légionnaire russe qui m'a accompagné pour aider les Américains a verrouillé comme il faut lui aussi : il ne manifeste rien de particulier et nous ne parlons pas de l'incident. Bien sûr, tout le monde sait pour le hummer explosé, et tout le monde est conscient que la même chose peut nous arriver, à nous, à tout moment. Nous avançons encore moins vite, nous prenons encore plus de précautions.

Un jour, alors que mon véhicule aborde une station-service, une voiture qui vient de faire le plein démarre et fonce vers nous. Un officier et moi tirons aussitôt en direction des pneus et du bas de la carrosserie, pour l'arrêter, par précaution. Alors que cette voiture est stoppée au niveau de notre roue à l'avant, nous repartons aussitôt vers la route, sans s'arrêter. Nous sommes tous sur les nerfs. Nous apprendrons ensuite que la police est venue, qu'elle a interrogé le conducteur et les passagers de la voiture, qui ne nous auraient pas vus au moment de quitter la station essence. Difficile à croire : un

Vab, c'est gros comme un char ! Nous devrons bien nous contenter de cette version officielle. J'ai un petit doute quant à moi : peut-être que la police a embarqué, voire abattu, le conducteur et les passagers parce qu'ils avaient vraiment l'intention de frapper. Le commandement sait, pas moi, et je ne saurai jamais la vérité. Qu'importe, et même : tant mieux : cet incident est une nouvelle frayeur qui n'aide pas à dormir la nuit – si tout le monde commence à nous foncer dessus... – mais elle suffit pour renforcer encore notre état de vigilance.

APRÈS DEUX MOIS À KABOUL, le premier roulement a lieu et je me retrouve à soixante-dix kilomètres à l'est, à Tora, dans la province de Sarubi. Un endroit stratégique parce qu'il surplombe la ville traversée par la route menant de Kaboul à Jalalabad, la dernière ville d'Afghanistan avant le Pakistan. Les forces alliées sont déjà nombreuses et assez bien organisées. Elles travaillent beaucoup avec les locaux pour qu'ils comprennent leur intérêt à repousser les combattants islamistes, ou au moins à refuser de les aider. Sécurité et développement : l'expérience fait déjà ses preuves, paraît-il... C'est donc censé être l'endroit le plus tranquille, d'ailleurs c'est là que se trouve le commandement global des forces alliées en Afghanistan. Mais nous sommes aussi tout près d'Uzbeen, où une embuscade a été tendue aux militaires français un an plus tôt, et où une dizaine d'entre eux sont morts.

La FOB (pour Forward Operating Base, base d'opération avancée) est en cours de construction sous la houlette des ingénieurs du ministère des Armées. Des entreprises de travaux afghanes ont été embauchées, les dalles sont coulées, les murs de certains blocs ont déjà été montés, et il y a encore beaucoup à faire : à terme, le camp doit pouvoir accueillir jusqu'à 800 hommes. Les cantines se trouvent en extérieur, sous des tentes, les hescos sont remplis peu à peu pour « fortifier » le camp, ils serviront à créer une enceinte de 2 mètres et demi de hauteur, pour que rien ne passe. On vit dans des guitounes habillées de bois, on travaille dans nos chambres. On est en pleine zone montagneuse et désertique, il n'y a pas un seul arbre pour fournir de l'ombre, et encore, j'ai la chance quant à moi d'arriver après les plus fortes chaleurs...

Chaque jour, une dizaine d'entre nous devons monter au point culminant, baptisé par les paras Mont-Saint-Michel (du nom de leur Patron), pour surveiller les mouvements susceptibles d'annoncer une menace pour le camp. Nous nous relayons pour vingt-quatre heures. Là-haut, on trouve tout ce qu'il faut pour se défendre et de toute façon, il n'y a qu'un seul chemin pour y accéder, et ce chemin, nous le surveillons attentivement en permanence. Quand nous descendons sur Kaboul, je suis toujours en tête des convois, hyper vigilant : je n'ai pas oublié le hummer américain, ni les hommes qui sont morts à son bord. Je ne peux pas l'oublier, même si je m'efforce de repousser les flashs qui me harcèlent par moment. Je m'occupe tout le temps, je m'organise pour ne pas avoir le temps d'y penser. Je participe aux travaux, comme tout le monde : dans la journée il fait encore bon mais les nuits sont déjà un peu fraîches. Il faut se dépêcher de tout terminer avant l'hiver et les pluies glacées d'abord, puis les chutes de neige. Les branchements pour avoir Internet – et donc pour pouvoir communiquer avec nos familles – n'attendent que leur mise en service, il ne se passe rien. Il y a six postes fixes, nous sommes des dizaines à faire la queue pour y accéder, chaque jour. Passer des heures debout, l'œil sur la montre à cause du décalage horaire, du rythme de travail de sa femme, de son sommeil, ça fait passer le temps aussi... Quand enfin on décroche un combiné, on ne peut pas se dire grand-chose de toute façon : tout est écouté par nos propres services, bien sûr, mais aussi, certainement, par les talibans. Nous restons tous muets sur nos déplacements, sur les opérations en cours et celles à venir, pour ne pas fournir à l'ennemi des éléments qui lui permettraient d'organiser une embuscade. Avec Mercédès, nous avons établi un code avant mon départ. Si je dois partir du camp pour une semaine par exemple, et donc être dans l'incapacité de lui téléphoner, je lui annonce que « je suis de service ». Elle comprend, elle n'attend pas pour rien à côté du téléphone, et elle ne s'inquiète pas. Je l'espère en tout cas... De son côté elle est toujours rassurante : elle travaille, elle a ses amis, pas d'incident à déclarer. Les dernières feuilles sont tombées des arbres, il commence à faire froid.

En effet, c'est déjà début novembre et le moment du dernier roulement pour moi. Direction Rocco cette fois, au cœur même de la vallée d'Uzbeen. C'est la troisième et dernière destination de mon Opex en Afghanistan, et comme mes frères, c'est celle que je crains le plus. Quand je réunis mon paquetage pour m'y rendre, je ne sais pas encore à quel point j'ai raison de la redouter. À Kaboul, j'ai touché la mort de mes mains nues, à Rocco, c'est elle qui va me frôler et me laisser, jusqu'à ce jour encore, tremblant comme un gamin.

10

Ça va, Crépin ?

Rocco, à deux heures de route au nord de Tora, en plein cœur de la vallée d'Uzbeen, est une base avancée qu'on appelle un COP, pour Combat Out Post. Elle est constituée de tentes de l'armée collées les unes aux autres et de containers. Dès notre arrivée, en novembre 2009, nous achevons les travaux d'isolation déjà entrepris par les collègues venus plus tôt, en prévision d'un hiver très rude dans la vallée : plancher, parois murales, laine de verre... L'enceinte autour du camp a déjà été montée mais nous continuons de remplir les fameux sacs de sable pris dans une armature d'acier, les estancos, qui forment un véritable rempart contre les tirs… Tant qu'ils ne passent pas par-dessus. À plusieurs endroits, il y a aussi des murs de sacs de sable bleus, tout bêtes, juste posés les uns sur les autres. En cas d'intrusion dans le camp, on pourrait s'abriter derrière pour tirer. À la sortie du camp, on a laissé un Afghan monter sa petite cahute : c'est à lui que nous achetons des cartes prépayées pour téléphoner en France, puisque Rocco n'est pas équipé d'Internet. Rocco n'est équipé en rien, d'ailleurs. Dans la salle de musculation, une tente comme les autres, on se sert de boîtes de conserve en guise d'haltères. Et pour courir… on sort carrément du camp !

L'armée française stationne à Rocco en soutien de l'armée afghane. De là, ensemble, on mène des missions de contrôle de zone : patrouilles, reconnaissances, check-points, visites plus ou moins courtoises aux populations… On organise la sécurité autour des « choura », ces moments où se rassemblent les hommes influents d'un village, par exemple, et les forces de l'alliance. Ils discutent sur la façon dont on peut aider les populations, sur leurs besoins et, en contrepartie de l'aide qu'on leur apporte, on leur demande quelles informations ils peuvent nous donner sur les talibans. Il me semble que les vieux Afghans sont bien disposés à accepter la nourriture et toutes les fournitures qu'on leur apporte, mais beaucoup moins à nous renseigner. Parmi ceux qui parlementent, assis par terre en tailleur, la barbe rousse jusqu'à la poitrine et la tête couverte d'un turban, on ne peut être sûr de personne. Il y en a sûrement qui soutiennent les talibans, qui cachent des armes et qui, peut-être, font partie de ceux qui tirent sur Rocco.

Parce qu'une ou deux fois par semaine, la nuit surtout, pour montrer qu'ils sont là, les talibans nous tirent dessus. On dort quand même, sachant que des collègues montent la garde autour du camp, on a confiance. Parfois, c'est mon tour de renforcer la garde, justement, ou bien de monter à bord d'un véhicule, prêt à sortir de Rocco pour assurer, de l'extérieur, la sécurité. Nos ennemis tentent de s'approcher en se cachant dans l'obscurité, ou derrière des moutons : un groupe d'un côté, un groupe de l'autre, ils s'avancent plus pour montrer qu'ils maintiennent la menace que pour pénétrer dans le camp, ce qui est impossible. Les hommes de garde les repoussent en tirant à leur tour, un peu au hasard au début, sans trop savoir dans quelle direction précisément, le petit jeu dure quelques heures. Alors sous les tentes, oui, on dort malgré les tirs, et en même temps, on les entend. On sait que ce qui arrive par le haut peut nous tuer. Il n'y a pas d'avion dans le ciel de Rocco, mais il y a bien, quelquefois, de petits engins qui volent, des roquettes qu'on appelle « chicom ».

Le 24 décembre, un peu après vingt heures pour moi, un peu avant minuit en France (il y a trois heures trente de décalage horaire entre les deux pays), je me trouve à l'extérieur, dans une allée entre les sanitaires et l'enceinte, debout, je fais les cent pas. Je vois à peine devant moi : le camp n'est éclairé que par quatre halogènes volontairement faiblards. Je suis au téléphone avec Mercédès : « Joyeux Noël, Nénette. » Ce coup de fil, et le petit surnom que je lui donne, comme à la maison, c'est le seul cadeau que je peux lui offrir. Tout à coup, ça canarde. J'entends siffler les chicoms. Les talibans mettent tout ce qu'ils ont sous la main dedans, des pièces de métal en tout genre, des cailloux, rien que des objets lourds et tranchants susceptibles de faire mal quand ils sont projetés par l'explosif. Même pas le temps de raccrocher : quelques secondes après les premiers tirs, une roquette artisanale frôle les trois millimètres de cheveux que j'ai sur le crâne et vient se ficher dans un mur de sacs de sable bleus, à quelques mètres de moi. Je laisse tomber le téléphone, je me jette dans une espèce de petite tranchée que protège un muret de ciment. Je suis couché là, je ne peux pas bouger jusqu'à ce que les tirs aient cessé. Si la bombe explose, mes collègues me ramasseront par petits morceaux. Je transpire à grosses gouttes, je remarque qu'il fait froid pourtant : Mercédès, je ne l'appelle pas pendant des heures, parce qu'à cette distance ça coûte trop cher, alors je n'ai pas pris la peine de me couvrir beaucoup pour sortir. Je regarde mon téléphone, il gît dans le gravillon qu'on a étalé partout dans les allées, sur une couche de feutre géotextile, pour ne pas traîner de boue dans les tentes quand il pleut. Je ne sais pas si la conversation est coupée. Je n'entends pas la voix de ma femme, juste les tirs qui continuent, et j'espère qu'elle ne les entend pas, de là où elle se trouve, avec les membres de sa famille dans le Luberon. Je regarde la chicom, plantée dans les sacs de sable, c'est un cylindre de métal, juste un cylindre de métal, mais je sais qu'il est chargé de poudre et de tas de débris métalliques qui me tueront s'il explose.

Ne pas bouger, je me répète en boucle les mêmes mots, ne pas bouger, attendre que les tirs s'arrêtent, l'intervention des démineurs, si j'ai de la chance, si je suis encore là dans dix secondes ou dix minutes... Je ne sais même pas depuis combien de temps je suis couché là. En fait je ne suis pas tellement conscient de ce qu'il se passe autour de moi. Je ne sens plus rien, juste mon cœur qui bat à une vitesse folle, ça résonne dans ma poitrine, et la transpiration glacée sur ma figure. La peur. J'ai peur comme jamais je n'ai eu peur. Je vis, je vis encore, mais je vis le pire moment de mon existence. Je sais qu'elle peut prendre fin maintenant. Il suffit que la roquette bouge de quelques millimètres, que le mécanisme s'actionne dans la bombe, ou qu'un tir rebondisse pas loin, pour que l'explosion fatale se produise. Je ne pense à rien, et je pense à tout ce qui a fait ma vie jusque-là, en même temps. Je pense autant à Mercédès qu'à mon fils Anthony et à sa petite sœur que je connais à peine, autant aux Américains morts à Kaboul qu'aux militaires français jamais revenus d'Uzbeen un an plus tôt, je me dis que je ne serai peut-être bientôt qu'un parmi eux tous. Bienvenue au club des morts, Michaël, il y aura ton nom sur un monument quelque part.

Quand les tirs cessent, je réalise que je ferme les yeux depuis de longues minutes peut-être. Alors je les rouvre, et je constate que je respire encore. Je vois que la chicom est toujours solidement plantée dans le mur de sacs de sable bleus. Elle n'a pas bougé, pas explosé. Je me relève, le plus doucement possible, je recule, je m'en éloigne, tout tremblant, je n'ai ni le temps d'avoir honte ni celui de réaliser que mon cœur bat toujours à un rythme de dingue. J'alerte mes supérieurs : il faut faire venir les démineurs. L'attaque des talibans est terminée, tout le monde est encore en état d'alerte. Je ne suis pas le seul à suer à grosses gouttes. Dans ce genre d'événement, les trois quarts des hommes connaissent une peur intense, côtoient la mort, la leur et celle de leur groupe. Et celle de l'ennemi. Ils ont tiré sur les assaillants. Officiellement, ils n'ont tué personne, officieusement, bien sûr que si puisqu'ils ont repoussé les ennemis, mais ces morts-là, franchement, tout le monde s'en fiche. Nous sommes militaires, pas tireurs de fête foraine. Nous n'avons aucune culpabilité à éprouver dans le cadre d'une mission pareille. On tire sur ceux qui tirent. On tue ceux qui veulent nous tuer.

Les hommes du génie vont prendre la chicom, ils iront la faire exploser plus loin, dans le désert. Fin de l'incident, jusqu'au prochain. Est-ce que ça va, Crépin ? Personne ne me posera la question. Moi-même je ne me la poserai pas. Je récupère mon téléphone, je rappelle Mercédès, inquiète, forcément : elle a entendu des tirs avant que ça coupe. Elle a vécu la scène, comme dans les films, à distance, dans le confort douillet de la maison tandis que son homme était couché par terre à des milliers de kilomètres de là, presque sûr qu'il ne la reverrait jamais. Je la rassure : il y a eu une attaque, c'est rien, on est tous là, on va tous bien. Je ne lui parle pas de la bombe et j'abrège la conversation. Ne plus y penser, verrouiller. Ça va, Crépin ? Franchement, qui s'en soucie ? Il n'y a pas de traumatisme, on range l'incident parmi les autres incidents qui émaillent la vie de Rocco, il y en a eu d'autres, il y en aura d'autres, et de plus terribles que celui-là, sûrement. Crépin va bien. Ce soir-là, les copains et moi, nous avons tous eu peur, mais ce soir-là, nous levons tous nos bières aux plus forts, aux meilleurs, aux vainqueurs. À nous-mêmes. Et demain est un autre jour.

11

Secret défense

Je suis devenu légionnaire pour être un type bien. Pour faire des choses bien. On est d'accord : le bien, le mal, c'est subjectif. À Sarajevo, la frontière entre les deux était floue quelquefois. Finalement, il arrivait qu'on doive faire quelque chose de mal – tuer, même un civil – pour atteindre l'objectif initial dans lequel on croyait. Même chose en Afghanistan, comme dans n'importe quelle guerre. Le mal est nécessaire pour arriver au bien. Je ne suis pas un philosophe, même pas un penseur. En tant qu'homme, j'agis plutôt par instinct, par convictions, selon mes valeurs. En tant que légionnaire, j'agis selon les ordres qui me sont donnés. Je verrouille tout accès à la réflexion que je pourrais mener par moi-même. J'exécute. Mais il arrive toujours un moment où l'homme et le militaire se rencontrent. Après une opération au cours de laquelle on a mené des actions fortes – et tuer, même un ennemi qui veut notre peau, n'est jamais anodin –, il est toujours réconfortant de penser qu'on a agi selon les ordres, oui, mais aussi qu'on a bien agi parce que ces ordres eux-mêmes étaient donnés dans l'intérêt du bien. C'est la question du sens qu'on veut donner à sa vie, et j'en reviens à cette idée, ma conviction de base : je suis devenu légionnaire pour être un type bien.

À Kaboul, quand j'ai ramassé à mains nues les morceaux des corps explosés des quatre militaires américains, je me suis conduit comme un type bien. Il n'y avait pas de calcul de ma part. Je n'ai pas cherché à me protéger d'une épreuve trop pénible, mais je ne l'ai pas fait non plus en espérant être récompensé pour mon courage. Je l'ai fait parce que c'était ce qu'il y avait à faire de bien à ce moment-là, c'est tout. Il se trouve que j'en ai gardé des images terribles, mais même quand elles sont revenues me hanter la nuit, je n'ai pas regretté mon choix. Je pouvais me regarder dans la glace et me dire que j'avais bien agi. C'était cette certitude qui m'aidait à me rendormir. À Rocco, quand je me suis vu mort à cause de cette roquette qui venait de me frôler le crâne, allongé dans cette tranchée qui ne me protègerait pas de l'explosion, j'ai commencé à me poser une question : pourquoi ? Quel sens ma présence dans ce camp, dans ce pays, dans cette guerre, pouvait-elle avoir ? Quand nous allions à la rencontre des habitants dans les villages, ils étaient censés nous apprécier parce que nous cherchions à les protéger des talibans. Mais nous ne savions jamais qui, parmi eux, protégeait les talibans contre nous ! Des militaires français, américains, belges, entre autres, étaient morts depuis des années que durait le conflit dans ces montagnes d'où il n'y avait rien à tirer. Et pourquoi ? Je risquais d'y rester à mon tour, il suffisait que la chicom glisse vers le sol, qu'elle explose et qu'elle me pulvérise au passage, et pourquoi ? À quoi mon engagement servait-il dans ce pays auquel je ne comprenais rien ? Qu'est-ce qu'il y avait ici de mal et qu'est-ce qu'il y avait de bien ?

LE 30 DÉCEMBRE 2009, alors que mon groupe avait appris depuis peu que nous passerions quinze jours supplémentaires au camp, au lieu de rentrer pour les fêtes de fin d'année chez nous comme prévu, deux journalistes français ont été enlevés au nord-ouest de Rocco, près d'une autre base française, celle de Tagab, dans la vallée de la Kapisa. Il s'agissait de Stéphane Taponier et d'Hervé Ghesquière, ils enquêtaient pour l'émission de France 3, « Pièces à conviction ». Quelques jours plus tard, plusieurs de nos véhicules ont reçu l'ordre d'aller se placer sur plusieurs points stratégiques entre Rocco et Tagab : nous savions que les ravisseurs déplaçaient les journalistes et qu'ils passeraient forcément par l'un de ces points. Il était donc question de les intercepter et de libérer les deux reporters. Je ne me souviens pas du jour précis où l'événement que je vais raconter ici a eu lieu. Je ne devrais même pas le raconter, bien sûr. Mais je n'en peux plus de le garder pour moi. Il n'y a pas eu de bain de sang. Je n'ai pas craint pour ma vie. Je n'ai tué personne et je n'ai vu personne mourir autour de moi ce soir-là. Mais ce qui m'est arrivé, en tant que légionnaire, est pire encore : j'ai perdu le sens de ma vie.

Il est environ vingt-trois heures, je me tiens à mon poste de tireur, dans le Vab Top, quand on voit un véhicule descendre de la montagne, dans notre direction, en pleins-phares. Étaient-ce bien eux ? Les journalistes, leur traducteur peut-être, et leurs ravisseurs ? C'est l'affaire de quelques minutes. Ils sont obligés de passer à côté de nous. Et comme nous sommes placés, nous ne pouvons pas les manquer. Notre mission, à ce moment-là, est claire : les intercepter. Je regarde mon écran, et dans la nuit, avec les volumes qui prennent du relief en vert fluo, mes sensations sont les mêmes que quand je joue à un jeu vidéo. Je suis à distance, physiquement, mais la cible se rapproche, je la tiens dans mon viseur, je ne peux pas la rater. Le sous-officier est sorti du Vab, il observe la voiture qui descend grâce à des jumelles. Un groupe de nos hommes s'est réparti tout autour pour sécuriser et surveiller la zone. Alors que la voiture se situe à cent mètres de nous, le sous-officier m'ordonne :

— Prépare-toi. Y a un véhicule qui approche, feux allumés !

Prêt, je le suis, et concentré, et déterminé. Et je vois clair aussi : dans cette vieille guimbarde qui se dirige vers nous, il y a bien trois hommes dont la tête est cachée sous un sac, ainsi que trois Afghans armés et encore un, assis en équilibre sur la portière du passager par la vitre ouverte, équipé d'une mitrailleuse.

— Feu !

Je tire une rafale – vingt à vingt-cinq cartouches – en direction du bas de la caisse : surtout, ne pas prendre le risque de tuer les prisonniers. Sur l'écran, je vois des étincelles, j'ai donc bien atteint ma cible. Pendant ce temps, le sous-officier rend compte de la situation à son supérieur, le chef de section, en direct, par contact radio. Quelques secondes plus tard seulement, contrordre :

— Arrête de tirer !

Et la voiture des ravisseurs passe tranquillement à quelques mètres de nous, avec les trois malheureux à l'arrière...

Le lendemain, au camp, alors que je suis occupé à nettoyer ma mitraillette, la 12.7, un sous-officier vient me voir :

— Hier soir, il ne s'est rien passé. Tu n'as rien vu, rien entendu. Tu recomplètes.

« Recompléter » : remplir la tireuse des cartouches manquantes.

L'histoire officielle retiendra qu'il ne s'est rien passé. Je n'ai pas tiré sur cette voiture, je n'étais même pas présent au pied de cette route de montagne, et quand l'arme sera de nouveau pleine de munitions, comme si réellement elle n'avait pas servi la veille, l'affaire sera enterrée. Je verrouille. Je ne pose pas les questions auxquelles on ne me répondrait pas de toute façon. Mais je ne peux pas m'empêcher de penser que cette situation est juste dégueulasse, pardon pour le mot. Je ne suis pas le seul : toute la compagnie est en colère. Nous sommes là, dans ce pays où nous risquons notre peau à chaque minute, parce nous voulons être des types bien. Parce que nous voulons faire des choses bien. Nous sommes pleins de rancœur vis-à-vis de nos chefs. Les journalistes ont pu entendre que nous étions si proches d'eux et qu'ils auraient pu être sauvés. Nous les avons abandonnés, parce qu'un ordre venu de plus haut l'a décidé. Le sens du devoir en prend un sacré coup.

Je me sens coupable et dégoûté. Je suis sûr et certain que la deuxième rafale aurait permis de les libérer. Cette action aurait donné du sens à la peur que j'avais éprouvée, quelques semaines plus tôt seulement, quand la chicom a failli me tuer. Mais là, je me demande juste à quoi je sers. Et pire encore, j'ai honte. Des journalistes français, en plus... Alors, affaire réglée, vraiment ? Concrètement, oui, elle est vite réglée. Il ne faut pas des heures pour recompléter. Mais dans ma tête, des années après, elle tourne encore, en boucle. Parce qu'elle n'a pas de sens. En tout cas, on ne m'a pas expliqué le sens de ce contrordre. Et parce que les « pourquoi » qui me mitraillent le cerveau ne s'arrêtent jamais.

Stéphane Taponier et Hervé Ghesquière vont passer dix-huit mois en détention, dans des conditions souvent terribles en matière d'hygiène notamment. Je ne sais même pas s'ils sont au courant qu'ils ont failli être sauvés quelques jours seulement après leur enlèvement. Finalement, je ne sais pas s'ils ont réalisé qui avait tiré sur le bas de la voiture qui les emmenait ce soir-là. Mais moi je le sais. Et de nombreux collègues qui étaient présents lors de l'opération ce soir-là le savent aussi. Nous avons reçu l'ordre de ne pas intervenir. Si on n'exécute pas un ordre, on passe en conseil de guerre. Si j'avais tiré de moi-même cette deuxième rafale et libéré les prisonniers, les autorités auraient eu droit aux éloges mais moi, je n'aurais récolté que des problèmes. Hervé Ghesquière est mort depuis, reste Stéphane Taponier, et leur traducteur qui se trouvait dans la voiture. J'espère qu'ils ne m'en voudront pas. Mais ils peuvent en vouloir aux gradés. Moi je leur en veux. Ils m'ont enlevé la seule fierté que j'avais dans ma vie, celle d'être un légionnaire, un type bien qui fait le bien.

12

Sas de décompression

Passer les fêtes de Noël au régiment constitue la punition que personne n'a méritée mais que nous partageons tous sans broncher. J'imagine que dans la tête des gradés, c'est l'occasion de souder les hommes en élargissant le cercle à nos proches : on fait venir les familles, on doit se mettre en scène dans des sketchs qu'on prépare des semaines à l'avance, sur ce qu'il s'est passé dans l'année par exemple, on organise des montages vidéo, on monte même une crèche... Dans la soirée, le chef de corps passe, on donne de la voix sur les plus beaux chants de la Légion, puis on reçoit chacun un petit cadeau, des serviettes, un couteau, une bricole... Au tout début du mois de décembre, alors qu'on devait rentrer en France avant les fêtes, nous apprenons que nous en prenons pour trois semaines supplémentaires en Afghanistan. En tout, l'Opex durera donc six mois et demi. Les fêtes de Noël, on ne les passera ni dans nos régiments respectifs ni à la maison, mais dans le camp de Rocco, toujours sous la neige, toujours sans Internet, et toujours mal approvisionné : les routes sont impraticables, un hélicoptère vient une fois par semaine pour la nourriture, les colis que nous adressent nos familles ont presque systématiquement été perdus en chemin. N'empêche : quand tombe cette annonce de la prolongation de l'opération, je suis presque content de ne pas rentrer tout de suite en France et d'échapper au cirque de Noël au régiment. En revanche, après l'épisode du sauvetage avorté des journalistes, je n'ai plus qu'une idée en tête : quitter ce pays le plus vite possible. Je ne sais pas où je veux aller, je ne pense même pas spécialement à rentrer chez moi, à retrouver Mercédès, à revoir mon fils. Je n'ai plus d'envie. Juste celle de ne plus être là.

Je ne dors plus de ce sommeil profond et réparateur, même quelques heures par nuit. Les copains pas davantage. Dans l'obscurité de la tente que nous partageons à quatre, il y en a toujours un pour marmonner, ou même crier, pour s'extraire de ses cauchemars. Le foyer est approvisionné en alcool. On en achète et on le partage dans les chambres. Quand on sait qu'on a fini la journée, on se lâche. Pour éviter de penser, pour oublier ce dont on ne veut pas parler, parce qu'on n'ose pas. On se met à boire, on s'anesthésie pour s'aider à verrouiller. Certains soirs, c'est à se démonter la tête. Après une cuite sévère, je dors comme si j'étais mort : les flashs et les peurs me laissent tranquille, c'est déjà ça.

Le 17 janvier 2010, nous quitterons l'Afghanistan. L'annonce de cette date de départ provoque chez la plupart d'entre nous – et peut-être tous – un vrai soulagement. Six mois et demi sur un terrain d'opération aussi dur, avec de multiples expositions à la mort et un sentiment d'isolement aussi important, c'est vraiment trop long. Après avoir été ramenés en hélicoptère jusqu'à Kaboul, l'avion décolle en direction de Chypre. Là, nous allons passer trois jours dans un bel hôtel avec vue sur la Méditerranée. L'armée a mis en place ce « sas de décompression » pour ses hommes de retour d'Afghanistan : nous sommes censés y exprimer tout ce qu'on a sur le cœur après ce séjour en enfer, et revenir ainsi dans de bonnes dispositions à nos familles et à nos vies en France. Comme tout le monde, je participe aux ateliers de détente et de parole... Je ne me détends pas beaucoup, et je ne dis pas un mot, sauf pour affirmer que « tout va bien ». Non, ça ne va pas bien. Non, je ne dors pas bien. Oui, je me réveille en sueur, la nuit, en gueulant qu'il faut « leur faire la peau, à ces sales enfoirés ». Mais raconter tout ça à des gradés auxquels j'aurai affaire à mon retour au régiment, c'est tout simplement impossible. Face à des médecins réservistes, à des psychologues, à des soignants neutres tout simplement, je pourrais peut-être ouvrir mon cœur, me délivrer de mes angoisses. Nous sommes tous en tenue, comme en garnison : difficile d'oublier que nous restons des légionnaires, et impossible de faire comme si nous étions tous au même niveau. Alors je ne me délivre de rien du tout, et s'ajoute la peur des retombées, de retour au régiment. Je sens bien qu'il y a comme une boue au fond de moi, ça sent mauvais et ça me rend instable, mais à ce moment-là, je ne suis pas capable d'appeler au secours. J'en ai juste honte, en fait, notamment parce que je me demande pourquoi je n'arrive pas à faire avec, comme quand je suis rentré d'ex-Yougoslavie ou de Côte d'Ivoire. Je ne me résous pas à admettre qu'il y a eu des trucs moches, mais que je peux mettre mon mouchoir par-dessus et oublier. Vivre avec. Verrouiller.

Mercédès et moi habitons alors à Pélissanne, dans une petite maison située dans un lotissement. Le car nous dépose à Nîmes, au 2e REI, à quatre-vingts kilomètres environ de chez moi. Aucun de nous n'a envie de rentrer chez lui. Ce n'est pas que nous n'aimons pas nos femmes, et nous savons qu'elles nous attendent : ça fait quand même six mois et vingt-deux jours que nous les avons quittées ! Mais nous sommes complètement déphasés. Le sas chypriote ne nous a pas permis de décompresser du tout. Paradoxalement, si on me disait, à ce moment-là, que j'ai ma place réservée dans un avion en partance pour Kaboul, je monterais dedans sans hésiter. J'ai comme un goût d'inachevé dans la bouche. Je ne sais pas si j'ai besoin d'en découdre encore avec les talibans, ou si c'est ma propre mort que je cherche, mais je voudrais repartir tout de suite. C'est impossible, évidemment – et heureusement –, mais je ne peux pas retourner à ma vie normale pour autant. Pendant trois jours et deux nuits, les copains et moi écumons les bars et les boîtes de nuit, ingurgitant de l'alcool à ne plus rien ressentir, jusqu'à ce que, les uns après les autres, on tombe de fatigue. Je suis le dernier. Je n'ai pas téléphoné à Mercédès pour la prévenir que je « traînais » encore un peu avant de rentrer. Je n'ai même pas pensé une seconde qu'elle s'inquiète peut-être pour moi. J'ai presque oublié qu'elle existe.

J'AI RAMENÉ PLEIN DE CHOSES d'Afghanistan. Dans ma tête. Ce sont des images, des sons, des sensations, et j'ai du mal à trouver les mots pour les décrire toutes. Elles s'entrechoquent, elles se mélangent, se confondent. Elles forment un magma bouillonnant qui reste tranquille la plupart du temps, mais qu'un rien peut faire jaillir de façon incontrôlable. Je les ai gardées tapies en moi pendant longtemps, pendant des années même, j'ai réussi à les garder cachées toute la journée, ce n'est que la nuit qu'elles venaient me harceler, pendant mon sommeil. Quand j'y pense, je suis étonné par le mécanisme : j'avais verrouillé, j'en étais sûr, rien ne pouvait m'atteindre vraiment. En fait le verrou n'était pas assez solide. Il y avait une fissure. Et ce que j'ai vu et vécu en Afghanistan s'est infiltré en moi comme un poison. Quand le verrou a sauté, tout m'a explosé à la figure. Je me suis écroulé. Mercédès ne savait rien, parce que je ne lui avais rien raconté, et pour mes supérieurs à la Légion, la question du traumatisme n'en était pas une. Je me suis retrouvé seul, complètement perdu avec moi-même, incapable de me reconnaître dans un miroir. J'avais enfermé, sous verrou, l'image de moi comme celle d'un type solide, fiable, presque indestructible en fait. Je croyais que seule une balle dans la tête ou dans le cœur pouvait m'arrêter. J'ai découvert que toutes les blessures ne sont pas mortelles, et qu'elles ne sont pas physiques non plus. Dommage pour moi : dans la Légion étrangère, les blessures invisibles n'existent pas. En tout cas pas quand c'est un simple soldat du rang, même caporal-chef, qui en est victime.

13

Tel un zombie

J'ai vu que Michaël n'était plus lui-même dès l'instant où il a poussé le portail. Notre chien, Alto, s'est avancé vers lui en aboyant. Michaël ne s'est même pas baissé pour lui caresser la tête, il ne lui a pas parlé. C'était un labrador qu'il emmenait auparavant au travail avec lui et qui était un peu la mascotte du régiment. Maintenant il l'ignorait et je n'ai pas compris pourquoi. J'observais Michaël, depuis le seuil de l'entrée, il ne me regardait pas non plus. Il était tourné vers moi, mais il ne me voyait pas. Son visage affichait une immense fatigue, il était comme creusé de tranchées, avec des cernes qui descendaient, profondes, jusqu'à ses pommettes. Mais le pire, c'était qu'il n'y avait plus de lumière dans ses yeux, et ce n'était pas seulement à cause des nuits de « fête » qui avaient précédé son retour. L'homme qui était parti revenait transformé, éteint. Il était incapable de retrouver son foyer, sa femme, son chien, sa tranquillité et la paix après six mois et demi d'absence.

Sur ses trois jours de vadrouille entre son arrivée à Nîmes et ce moment où il s'était décidé à rentrer à Pélissanne, je savais ce que le capitaine du régiment, à Aubagne, avait fini par me confier au téléphone : « Il a besoin de décompresser. Il est avec ses potes. » J'étais inquiète, mais pas en colère. Je me doutais bien qu'il n'est pas si facile de mettre fin à une période aussi longue de vie régimentaire dans un pays hostile. Mais je ne savais toujours rien de ce qu'il avait vécu en Afghanistan. Au téléphone, il ne m'avait rien raconté. J'étais allée chez le coiffeur, j'avais changé les rideaux du salon, j'avais préparé un petit plat. Je l'avais attendu avec mon impatience de femme amoureuse, et mon seul désir était de lui souhaiter la bienvenue, « bienvenue dans la paix de ton foyer, bon retour à mes côtés, je vais prendre soin de toi ». Il ne pouvait rien recevoir. Je l'ai alors accueilli comme il m'a semblé devoir le faire, sans pression, juste en lui ouvrant mes bras, en me serrant contre lui, sans parler. Je n'ai pas pensé une seule seconde qu'il avait cessé de m'aimer, ni qu'il avait quelqu'un d'autre. Il était imbibé d'alcool et pétri de fatigue, très amaigri. Il a pris une douche, il s'est allongé et il a dormi, sans avoir dîné, jusqu'au lendemain midi. La nuit suivante, il m'a réveillée par son agitation et par les cris qu'il poussait dans son sommeil. J'ai voulu le toucher pour l'apaiser, il a eu peur et a fait un grand revers de bras, un geste de défense qui ne m'était pas destiné, mais qui m'a effrayée. J'ai reculé juste à temps. Il a ouvert des yeux exorbités tout à coup, je lui ai parlé, pour le ramener à notre nuit, à notre maison, à notre couple ; il était terrorisé. Il a bredouillé un mot d'excuses et s'est levé pour aller boire un verre d'eau. Je n'avais pas oublié les longues minutes que j'avais passées au téléphone, des semaines plus tôt, par cette nuit de Noël, lorsque je n'entendais plus sa voix mais seulement les tirs, dans le camp d'où il m'avait appelée. J'avais cru alors que j'avais perdu mon mari, puis j'avais été rassurée en l'entendant de nouveau. Avec ce cauchemar, je réalisais qu'une partie de lui était peut-être restée là-bas… Jamais Michaël ne frapperait une femme. Seulement, dans sa nuit, il n'était pas mon mari à mes côtés mais un légionnaire en opération en Afghanistan, il voyait ses ennemis, lesquels lui inspiraient un mélange de peur et de haine qui le rendait violent malgré lui. Il éprouvait une colère indicible. Ils lui avaient fait du mal – comment, encore une fois, je ne le savais pas – et il voulait le leur rendre. Mais il n'était pas capable de l'exprimer autrement que par des injures et des coups projetés du fond de sa nuit dans la nôtre, celle de notre couple, dans notre lit.

Le lendemain, son fils Anthony arrivait chez nous pour huit jours. Je m'étais arrangée avec sa maman, elle nous le déposait pour qu'il retrouve son père. Personne ne pouvait imaginer que la date de ce séjour était si mal choisie, juste après son retour d'une Opex aussi éprouvante. Je travaillais alors dans une entreprise qui vendait et installait des piscines, l'activité en janvier était assez limitée, et mon patron, compréhensif face à la situation, me laissait du temps libre pour rentrer à la maison à l'heure du déjeuner. Je faisais l'aller-retour, à vélo, préparais un plat rapide, et nous prenions notre repas tous les trois. L'ambiance était catastrophique. Anthony n'avait que dix ans, je faisais ce que je pouvais pour le distraire lors que j'étais là, mais je ne pouvais que constater que Michaël n'était pas en mesure de s'occuper de lui. Même son fils l'irritait. Il était sage, gentil, calme, autant qu'un enfant de dix ans peut l'être, mais il ne pouvait bien sûr pas comprendre pourquoi son père avait cette attitude froide et distante. Je ne le pouvais pas non plus vraiment. Un après-midi, je suis rentrée plus tôt, Anthony était tout seul dans un coin pendant que son père dormait dans le canapé. Il avait bu de l'alcool. Nous avons raccompagné le petit chez sa maman plus tôt que prévu : il fallait mettre un terme à l'incompréhension entre le papa absent par l'esprit et un petit bonhomme qui, malgré lui, était témoin des souffrances d'un adulte sans pouvoir les comprendre. Il n'est revenu passer quelques jours à la maison que l'été suivant, durant mes congés, ce qui m'a permis d'être présente pour lui en permanence et de faire le lien entre Michaël et lui.

Quelques jours plus tard, nous nous sommes rendus chez un de mes bons amis du travail, d'origine sicilienne. Avant que Michaël rentre, nous avions décidé d'organiser une fête surprise, pour son anniversaire qui est le 17 janvier. Nous avions prévu, avec les deux fils de mon ami, de tirer un petit feu d'artifice : ils avaient acheté quelques mèches. À la première « détonation », soudain, devant nous tous, Michaël s'est couché ventre à terre, les mains repliées sur sa tête comme pour se protéger. Je me suis précipitée près de lui, il tremblait de tout son corps, les mains nouées sur son crâne, statufié : il ne répondait pas lorsque nous lui demandions de nous dire ce qu'il se passait et comment nous pouvions l'aider. Nous avons compris, mais trop tard, qu'en voulant lui témoigner notre amour et notre amitié, nous avions transformé la soirée et le feu d'artifice en un théâtre de guerre. Sans le vouloir, nous avions « invité » les démons afghans à participer à la fête ! J'ai souffert en voyant mon homme à terre, terrorisé. Les larmes me sont venues, la peur de l'avenir a commencé à s'installer en moi ce soir-là précisément. Qu'était devenu l'homme que j'aimais pour sa force, son courage ? J'ai été envahie de frissons mais je gardai mes mains sur les siennes. Il fallait qu'il ressente que je restais là, près de lui, malgré la stupéfaction de nos hôtes à qui je demandai de rentrer dans la maison, le temps de ramener Micha a la réalité. Lorsque le silence s'est installé, il a fallu attendre un bon quart d'heure pour qu'il se détende. Il a scruté le jardin dans tous ses recoins et, tel un zombie, enfin, il s'est relevé. J'ai continué de le rassurer :

— Tranquille, mon cœur !

Il m'a répondu, les lèvres serrées :

— Je peux pas, j'y arrive pas, je supporte pas ça !

J'ai compris à ce moment-là que « ça » voulait dire : les bruits de détonations qui lui rappelaient cette saleté de guerre. Sans mot dire, nous avons rejoint les autres à l'intérieur. Le gâteau d'anniversaire fut amené sur la table. Chacun de nos amis a serré Michaël dans ses bras avec des regards emplis d'une tristesse difficilement dissimulée, et que je n'ai pas oubliés. Nous sommes rentrés à la maison sans danser ni chanter comme je l'avais imaginé, Micha était ailleurs désormais, son regard azur avait noirci, il n'était plus à sa fête, mais en terre afghane jusque durant le court sommeil de la nuit suivante, marqué de hurlements d'agitation, à se réveiller en sueur.

Peu après, une amie est venue dîner à la maison, elle l'a questionnée, très gentiment, s'intéressant tout simplement à lui, à son expérience. Il l'a envoyée sur les roses. Alors, peu à peu, nous nous sommes renfermés sur nous-mêmes. La nuit, Michaël était toujours en proie à une agitation terrible. Il criait des mots comme « saletés de bougnoule » (il n'a jamais été raciste) ou « bâtards ». Il se redressait d'un coup, droit comme un I, produisait des mouvements d'une ampleur et d'une violence impressionnantes. Je dormais souvent sur le canapé... Lorsque j'évoquais sa consommation excessive d'alcool et son agressivité, qui ne font pas partie de sa nature profonde, je soulignais qu'il les avait « ramenées » d'Afghanistan. Il me répondait : « Laisse-moi du temps. Ça a été dur. Dans ma tête, je suis encore dans l'opération avec mes frères. » Il m'assurait qu'il était conscient du problème, mais aussi qu'il s'en sortirait tout seul, que je devais lui faire confiance.

Avant son départ en Afghanistan, et même lorsque sa vie de légionnaire ne le comblait pas de bonheur, Michaël était un homme joyeux, expressif, et même fantasque. On poussait souvent les meubles pour danser au milieu du salon. Nous riions beaucoup. Désormais, tout l'irritait : notre chien dès qu'il aboyait, le faisant sursauter, une voiture qui passait en accélérant dans la rue, ou même une phrase innocente que je prononçais parfois : « Il faudrait faire ceci, il faudrait faire cela… » Il me répondait avec agressivité d'abord, aussitôt il s'en voulait, et il sortait marcher.

Je n'ai pas retrouvé mon mari. Le Michaël d'avant l'Opex en Afghanistan n'est jamais revenu. Je ne suis pas psy. Je pense savoir écouter quelqu'un qui a besoin de parler, ma nature bienveillante m'aide à comprendre et j'espère être capable de dispenser un conseil judicieux à l'occasion. Mais face à l'homme que j'aime, soudain sombre et mutique, je me suis retrouvée complètement démunie. Nous étions en janvier 2010. Je n'avais jamais entendu le terme « syndrome de stress post-traumatique » qui fut beaucoup cité après les attentats de 2015 à Paris. Et de toute façon, même si j'avais su que cela existait, et quels dommages terribles cela crée dans le psychisme d'un être humain, je n'aurais pas forcément présumé que Michaël pouvait en souffrir… Heureusement, plus tard, au sein de la Légion, il a rencontré des personnes mieux armées que moi pour l'aider.

14

Serrez les dents

J'avais perdu le goût de la France, de ma vie, et tous mes repères. J'étais même incapable d'être heureux de retrouver Mercédès. Incapable de dire ou de faire quoi que ce soit. J'avais la sensation d'être complètement paumé dès que j'étais seul. En même temps, je ne supportais plus personne... Plus rien n'avait de sens. J'étais resté là-bas trop longtemps.

Une Opex, normalement, dure quatre mois. Un délai pas si long, on peut s'en défaire. Six mois et demi, c'est peu à l'échelle d'une vie mais c'est déjà assez pour se déshabituer de ce qu'on a connu avant. Quand on se retrouve projeté si longtemps dans un environnement aussi violent que l'Afghanistan, où on vit des événements inédits et forts, où chaque seconde peut être la dernière de sa vie, il est vraiment difficile de revenir à la normalité de son foyer et de son quotidien sans danger. Tout à coup, mon existence tout entière m'a paru fade et monotone. Je n'avais plus rien à faire d'important de la journée, et je n'avais plus non plus la capacité de ne rien faire. J'avais été reprogrammé, comme après un lavage de cerveau. Il n'y a pas de week-ends sur un terrain de guerre. Six mois et demi sans repos, presque deux cents jours dans la culture de la haine de l'ennemi, l'action, en mode hypervigilance, en mode survie... Alors oui, après mon retour, la nuit, dans mon sommeil, je continuais de ramasser les corps éparpillés de mes collègues américains, et je gueulais aux talibans qu'ils étaient des « fils de putes ». Sans doute que je voulais en découdre avec eux. L'Afghanistan était devenu ma vie. Je ne le formulais pas, je n'en étais pas conscient, mais j'avais envie d'y retourner, sans attendre. Besoin de pousser encore plus loin la limite, et même d'aller au bout. Voilà : j'avais besoin d'atteindre la limite, en l'occurrence la mort, puisque je n'avais fait que la toucher du doigt. Là-bas, la guerre continuait. Je savais que le 2e REP (régiment étranger de parachutistes) nous avait relevés. Dans ma tête, j'étais avec eux. Si on m'avait demandé : « Alors Crépin, prêt à repartir ? Tout de suite ? Même pour six mois ? » Oui, j'en suis sûr aujourd'hui, j'aurais signé immédiatement. J'étais formé pour ça. En Afghanistan, je me sentais utile et compétent. J'avais vingt hommes sous mes ordres, je prenais la tête du convoi, on me confiait des responsabilités importantes. Et soudain, plus rien. Pire que ça : soudain, je n'étais vraiment plus personne. Je vais sûrement passer pour un grand naïf, et peut-être même pour un imbécile, mais ce n'est qu'à mon retour que j'ai compris une notion fondamentale : dans la Légion, les militaires du rang ont peu de valeur aux yeux de leurs gradés. Il m'avait fallu dix-sept ans pour le réaliser.

À Kaboul, un colonel, rattaché au 2e REI pour le temps de la mission seulement, est resté planqué dans la bibliothèque. Il n'est pas allé sur le terrain. Il n'a pas mis les pieds à Torah, et pas à Rocco non plus. Il a passé six mois et demi à l'abri, derrière son bureau, avec sa secrétaire. Personnellement, je lis peu, mais les bouquins que j'apprécie le plus, ce sont les romans et les essais d'histoire médiévale. Lui, je ne sais pas. Les livres de botanique peut-être, ou les romans d'amour, pourquoi pas, ce n'est pas honteux d'aimer les histoires sentimentales. Je n'ai pas eu l'occasion de discuter littérature avec lui, et je ne doute pas qu'il soit bien plus calé que moi sur le sujet, et qu'il saurait mieux en parler. Mais sur le ressenti de l'homme couché sur le sol, faisant le bilan de sa vie pendant qu'une chicom plantée à dix mètres peut exploser à tout moment, je pense que moi seul peux être dans le vrai.

Autrefois les gradés allaient au combat avec les sous-officiers et les soldats du rang. Je me souviens notamment du général de corps Christophe de Saint-Chamas, un grand chef qui respectait ses hommes, y compris ses hommes du rang, et qui le montrait par sa présence à leurs côtés. Il dirigeait la mission Licorne, en Côte d'Ivoire, à laquelle j'ai participé en 2004. Mais en Afghanistan, je n'ai pas vu un seul haut gradé aller voir sur le terrain à quel danger ses hommes étaient confrontés. Il faut dire qu'avec les avancées technologiques, les communications satellites, les drones, il est désormais facile de prendre les décisions à distance. Nous, les petits soldats, nous sommes sur place, sous le feu, mais les chefs jouent à distance, comme dans un jeu vidéo. Sans électronique, sans ordinateur, ils sont perdus. Lors d'un rassemblement, à Nîmes, quelques heures après notre retour d'Opex, l'officier « responsable de la bibliothèque », le colonel que j'ai mentionné plus haut, a appelé certains gradés pour leur remettre une médaille. Ils se les sont agrafées, entre eux. Et ce colonel qui aime tellement les livres s'en est accroché une lui-même sur la poitrine ! Tout le monde a été choqué, pas seulement moi. Le soir, à l'ordinaire, on ne parlait que de ça. Enfin... On murmurait. On se disait qu'ils auraient pu avoir la décence de se remettre les récompenses entre eux, sans qu'on soit témoins du spectacle. D'ailleurs, une anecdote à propos des médailles : les officiers gardent celles qu'on leur remet tandis que les militaires du rang doivent les rendre après la cérémonie. Et s'ils veulent les posséder pour les afficher lors des parades, ils doivent les acheter sur leurs propres deniers auprès du maître-tailleur du régiment !

À MON RETOUR D'AFGHANISTAN, j'avais aussitôt demandé à être affecté au 2e REI, à Nîmes, afin de repartir au combat avec le même régiment. En fait, je me suis retrouvé à Aubagne, dans un bureau sans fenêtre, autant dire un placard. Je ne me prenais pas pour un héros. Je n'avais rien fait de plus que mes camarades, et je ne m'attendais pas à ce qu'on me déroule le tapis rouge. Mais de là à me sentir humilié à ce point... Le poste que j'occupais six mois plus tôt avait échu à un Roumain le temps de l'Opex, et il le gardait grâce à ses liens avec le chef de section, un Polonais. Après des mois de plaines et de montagnes, je me suis retrouvé à faire passer les tests de recrutement aux engagés volontaires, enfermé dans une pièce aveugle du matin jusqu'au soir. Avant de partir à Kaboul, j'avais demandé une avance sur ma solde pour acheter mon équipement. Un matin, le chef de section dont je parle, le lieutenant polonais, m'a lancé devant tous les autres hommes :

— C'est bon Crépin, t'as fait l'Afghanistan, mais maintenant, il serait temps de payer tes dettes !

Il aurait pu se contenter de me le rappeler dans son bureau. Je me suis écrasé. Mais à l'intérieur, je sentais comme un bouillonnement de poison. J'ai compris que je ne tiendrais pas longtemps comme ça. Déjà, je n'étais plus capable de verrouiller aussi bien qu'avant. Je suis allé voir le médecin du régiment.

— J'en peux plus de travailler dans ces conditions, de me faire rabaisser, insulter. Si je reste là, je sens que je vais faire une connerie. Je prends ma bagnole, je me casse !

Chez nous, se casser, ça s'appelle déserter, et c'est lourd de conséquences. Le médecin a essayé de me raisonner. Et dans un premier temps, pour me faire quitter Aubagne le temps de me calmer, il m'a envoyé consulter à Laveran, l'hôpital des armées, à Marseille.

Je n'avais toujours rien raconté à Mercédès, ni sur l'Afghanistan, ni sur ce que je vivais au quotidien au régiment. Question de fierté, d'orgueil sans doute : j'avais peur de passer pour un minable aux yeux de ma compagne. On était alors en avril 2010, j'étais rentré depuis quatre mois environ. À Laveran, j'ai été reçu par une psychiatre. Tout de suite, ça m'a fait du bien d'être écouté par une femme. Elle avait mon dossier sous le nez, elle savait plus ou moins ce qu'il s'était passé à Kaboul et pendant le reste de l'Opex. Elle a cherché à me mettre en confiance pour que je lui fournisse des détails. J'ai essayé, seulement les mots ne venaient pas. Je me sentais plein de colère, et même de haine, vis-à-vis de l'ennemi, mais aussi de ma famille elle-même, la

Légion. Mais ça, non, ça n'est pas sorti. Elle m'a prescrit huit jours de « repos en chambre », c'est-à-dire non pas le retour à la maison en maladie, mais au régiment, au quartier, dans ma chambre donc. J'ai entendu les trois lettres « SPT », pour stress post-traumatique, et le mot stress surtout, mais je n'étais pas capable de chercher à comprendre de quoi il s'agissait. J'ai pensé que j'étais surmené et qu'avec du repos et du sommeil, ça se calmerait. Je suis allé me coucher sagement. Toutes les heures, quelqu'un montait voir ce que je faisais, sans doute pour vérifier que je ne m'étais pas fichu en l'air.

Cette médecin-psychiatre n'a pas sous-estimé la gravité de mon état, elle n'a pu voir que ce que j'étais en mesure de lui montrer, et comme j'étais encore bien verrouillé de l'intérieur… Mais le repos en chambre n'était pas idéal : le matin on entend les sifflets, les cris, le rassemblement, et finalement, on ne se repose pas parce qu'on ne sort pas de la vie du régiment. J'ai attendu le retour à la maison, le week-end, pour dire à Mercédès ce qui était arrivé avec le chef de section, que j'avais pété un câble et qu'on m'avait ordonné le repos en chambre. Je ne lui ai pas dit que j'étais allé à Laveran, et je ne lui ai pas rapporté cette histoire de SPT. Le lundi suivant, j'ai demandé à être reçu par le capitaine, qui est le supérieur hiérarchique direct du chef de section. Je lui ai répété les mots qu'il avait eus sur mes dettes, je lui ai expliqué que j'avais mon honneur, et que celui-ci implique évidemment que je rende ce que je dois à l'institution. En revanche, me sentir humilié en public... Le capitaine a compris et il a convoqué le lieutenant. Ils se sont expliqués, en privé, ce qui est normal. Ensuite le capitaine m'a fait revenir :

— Serrez les dents. Retournez travailler. Dans deux ou trois mois, vous serez réaffecté, ça ira mieux.

Il avait trouvé une façon de m'arranger sans donner complètement tort au lieutenant ni encourager les autres à se plaindre. Je suis retourné dans le placard. La semaine suivante, j'ai fait un nouveau passage à Laveran, visite de contrôle. La psychiatre m'a expliqué un peu plus en détail le SPT, elle m'a suggéré de réfléchir à mon éventuelle réforme, c'est-à-dire à mon retrait du service avant la fin de mon engagement en cours. J'ai refusé tout net. Mon contrat courait jusqu'à novembre 2011, un peu moins de deux ans plus tard. J'étais bien décidé à aller jusqu'au bout et à sortir de là la tête haute, comme un homme.

Je ne me rendais pas compte que je changeais. Je n'arrivais pas à prendre du recul et à me regarder vivre de l'extérieur. Qu'est-ce que j'aurais vu ? Un type irritable, qui s'énerve contre son chien juste parce qu'il aboie, qui s'emporte parce qu'un objet lui a échappé, qui multiplie les gestes de colère, contre les autres et contre lui-même… Avant, j'étais patient, joyeux et carré, même dans le travail, on m'appréciait. Tout à coup, j'avais l'impression d'être un chiffon. Un moins que rien. Un pestiféré. J'imagine que mes visites à Laveran et ma semaine de repos en chambre avaient fait le tour du régiment. Désormais, j'étais considéré comme faible, ou un traître même. Comme si le fait d'aller mal était contagieux… Sauf que je ne me rendais pas compte que j'allais mal. Je pensais seulement que j'avais accumulé de la colère en moi, et qu'il suffisait que le temps passe, que je sois réaffecté à Orange, que ma vie quotidienne devienne un peu plus intéressante, pour que les choses s'améliorent.

À ce moment-là, je ne savais pas qu'en fait, j'allais signer à nouveau pour cinq ans.

15

Cité en exemple

Le capitaine a tenu son engagement : il ne m'a pas renvoyé à Orange, mais il m'a permis de sortir de mon placard en m'assignant une mission qui m'a fait du bien, tout en me permettant de faire du bien autour de moi. Affecté en mai 2010 à l'antenne médicale de Laveran, j'ai été chargé d'accompagner mes frères malades dans leurs soins et leur processus de guérison. Soudain j'étais indépendant, puisque je référais d'abord au chef de section puis au chef de corps, et surtout, j'étais utile. Je n'étais plus seulement un secrétaire englué dans les paperasses, je devais trouver des solutions pour aider les autres, les mettre en œuvre, j'avais conscience de servir à quelque chose. Ma présence au sein de la Légion, tout à coup, reprenait un peu de sens. Je pouvais, à nouveau, faire quelque chose de bien...

Je ne m'occupais que de légionnaires qui souffraient de blessures physiques : une balle dans une jambe, un genou qu'il a fallu opérer, puis rééduquer, une allergie ou une maladie grave comme la fièvre jaune par exemple. Je me souviens particulièrement du caporal C., un Portugais qui avait été blessé à la jambe par des tirs lors d'une embuscade peu de temps après moi. Il faisait partie du 2e REP qui nous avait relevés. Il était bloqué sur un lit à l'hôpital depuis plus de trois mois quand je l'ai rencontré, à Laveran après un séjour à Percy, à Paris. Personne ne s'était occupé de remplir les papiers nécessaires pour qu'il soit indemnisé par un des deux seuls groupements de prévoyance militaire, le GMPA ou l'AGPM. Il faut savoir que, lorsqu'on est légionnaire, on doit souscrire obligatoirement un contrat d'assurance prévoyance auprès d'un organisme référencé par le ministère de la Défense, en l'occurrence le GMPA, le Groupement militaire de prévoyance des armées. Celui-ci fonctionne sans doute aussi bien, ou aussi mal, que n'importe quel organisme pour les salariés du privé : si les assurés ne le tannent pas pour qu'il respecte ses engagements, il fait le mort... Or C. étant basé au 2e régiment étranger de parachutistes, à Calvi, en Corse, il se retrouvait donc tout seul sur le continent, cloué au lit, et il n'avait pas les moyens physiques de mettre ses affaires en ordre. Étant immobilisé, il avait perdu sa prime de saut, il avait des problèmes financiers et il se sentait terriblement seul : sa femme et sa fille vivaient en Corse et n'avaient pas les moyens de payer la traversée pour venir le voir. J'ai commencé à ruer dans les brancards : d'abord, j'ai dénoncé le problème à la SAI, la Section d'administration du personnel isolé. Située à Aubagne, elle est censée veiller, justement, à ce que les droits des légionnaires en incapacité de travailler soient respectés. Rien n'a bougé. Alors j'ai profité d'une visite du chef de corps aux blessés, à Laveran, pour tout lui raconter :

— Les hommes sont obligés de payer pour avoir la télévision et Internet dans leur chambre. Le courrier qui leur est adressé dans leurs régiments respectifs n'est pas directement renvoyé ici. Aucun membre de la SAI ne vient jamais les voir, c'est moi qui me charge de les défendre et de réclamer ce qui leur est dû, notamment auprès de la mutuelle, l'assurance prévoyance GMPA. Le GMPA qui n'a pas envoyé un seul délégué régional rendre visite au moindre camarade blessé dans le service… Les hommes se sentent complètement abandonnés et impuissants.

Voyant, chambre après chambre, que je connaissais tous les patients et qu'ils me faisaient confiance, le chef de corps m'a invité à faire le point avec lui sur tout ce qui devait impérativement changer. Et ça n'a pas traîné. Il a fait le nécessaire : j'en ai vu défiler, par la suite, des cols blancs, et bien des problèmes qui traînaient depuis des lustres ont été résolus. La SAI a hérité d'un nouveau chef de section plus impliqué et plus compétent. Le chauffeur du chef de corps apportait régulièrement pour les blessés les magazines des officiers qui n'étaient jamais ouverts dans les popotes ou dans les clubs. Le chef de corps lui-même a continué de rendre visite régulièrement aux blessés… Jusqu'à ce qu'il soit affecté ailleurs.

J'AI TRAVAILLÉ LÀ, au service de mes frères d'armes blessés, pendant dix-neuf mois, de novembre 2010 à juin 2012. Je faisais encore des cauchemars, mais moins. J'avais encore envie de boire le verre de trop, le soir, celui qui anesthésie pour des heures, mais j'arrivais plus ou moins à me raisonner. J'ai pu faire venir la famille de C., pour les fêtes de Noël 2011. Il était particulièrement abattu, il n'avait pas vu sa femme et leur fille depuis un an ! Le chef de corps lui-même est allé les accueillir à l'aéroport. Pendant quelques jours, j'ai emmené le couple et la petite se promener à Cassis, au bord de la mer, ils ont pu se retrouver vraiment et reprendre des forces ensemble. Ces moments étaient importants pour eux, mais ils l'étaient presque autant pour moi. Je voulais être un type bien, encore fallait-il me donner l'occasion de l'être. En me permettant d'accomplir ce travail, c'était le cas. J'ai obtenu que les blessés en état de se déplacer soient invités à la cérémonie et au défilé annuel, chaque 30 avril, pour la fête de Camerone. Pour moi, il était très important que la Légion rende hommage de cette façon à ses hommes, tous ses hommes, qui participent à des missions dangereuses, au lieu de chercher à donner l'image d'une armée forcément victorieuse. Empêcher les blessés de participer à Camerone peut donner à penser qu'on a honte d'eux. J'estime au contraire qu'on devrait en être fier.

En juin 2011, presque dix-huit mois après mon retour d'Afghanistan donc, le capitaine m'a appelé :

— Caporal-chef Crépin, vendredi après-midi, rassemblement régimentaire ! Toi, tu es en tenue de sortie pour remise de décoration !

Le bureau-major m'a confirmé dans la foulée que lors de ce rassemblement on me remettrait une citation pour mon Opex en Afghanistan. J'ai ressenti, enfin, que la Légion m'était reconnaissante. Certes, cette distinction n'arrivait qu'un an après, mais elle m'a été remise avec fierté par le chef de corps lui-même, devant tout le régiment. Après l'épisode du bureau sans fenêtre et du sous-officier qui m'avait humilié en me rappelant publiquement que j'avais une dette, il a été dit haut et fort pour quels faits précis j'étais récompensé, je me suis senti réhabilité. Sur le document qu'on m'a remis, il est écrit : « Engagé du 29 juin 2009 au 17 janvier 2010 comme radio-tireur au sein du groupement tactique interarmes de Surobi, dans le cadre de l'opération Pamir en Afghanistan, a fait preuve de belles qualités militaires. S'est particulièrement distingué le 15 août lors de l'opération Véronique dans la région de Kaboul en intervenant avec la section au profit d'un convoi américain qui venait de faire l'objet d'une attaque à l'engin explosif improvisé. En abordant la zone de l'incident en tête du dispositif, a réagi avec sang-froid à des tirs d'armes automatiques. Mérite d'être cité en exemple. »

On a fêté ça autour d'un pot au cours duquel le général de Saint-Chamas, devenu alors le commandant de la Légion étrangère – appelé entre nous « le Père Légion » –, est venu me parler :

— Crépin, je te félicite pour ce que tu as fait !

— Merci mon général, je n'ai fait que mon devoir.

C'est sorti tout seul, je le pensais, mais j'avoue, je n'étais pas peu fier...

— Alors raconte-moi, qu'est-ce que tu envisages pour la suite de ta carrière ?

— Rien mon général, je pars civil en novembre prochain.

Du régiment d'Aubagne, nous étions onze à avoir participé à l'Opex en Afghanistan. Et comme je l'ai déjà raconté plus haut, le chef de corps avait promis à chacun de nous, après notre retour, ce qu'on appelle un séjour, c'est-à-dire une mission de deux ans à l'étranger, hors terrain de guerre. LA récompense. La promesse avait été respectée pour neuf de mes frères. Seuls un copain, O., caporal-chef, et moi, n'avions reçu aucune proposition. J'ai décidé de profiter de l'occasion pour en parler au général.

— J'aurais bien aimé partir en séjour, comme les autres, mais ça ne s'est pas fait.

Le général a aussitôt demandé confirmation à O., puis au chef de corps présent qui a répondu :

— C'est prévu pour l'année prochaine, au prochain PAM.

(PAM pour plan annuel de mutations, en gros la planification des départs en séjours.)

— Mais non, ce sera trop tard ! Pourquoi attendre ? Le caporal-chef Crépin aura déjà fini son contrat. Et pourquoi les autres sont-ils partis et pas ces deux-là ?

L'affaire en est restée là, juste entre nous quatre, et le vendredi suivant, comme d'habitude, je suis rentré à la maison. Mais le lendemain matin, de bonne heure, le chef de corps m'appelait :

— Je suis au téléphone avec le général sur une autre ligne. Tu as cinq minutes pour décider si tu pars à Abu Dhabi !

Cinq minutes, c'est court pour faire un choix aussi radical. Les Émirats arabes unis, ce n'est pas la porte à côté ! Mercédès avait sa fille à Bordeaux, et même si je ne voyais plus Anthony, j'avais encore l'espoir que les choses s'arrangent. Mais l'occasion était trop belle de vivre une nouvelle expérience, d'une part, mais aussi de renflouer nos finances avant d'entamer une nouvelle vie professionnelle que je n'avais pas encore anticipée. Mercédès et moi avons rapidement pesé le pour et le contre, j'ai dit oui au chef de corps. Nous avons profité des quelques semaines qui nous restaient avant le départ pour nous marier – sans quoi Mercédès n'aurait pas pu m'accompagner –, et nous nous sommes envolés vers Abu Dhabi en espérant laisser derrière nous mes cauchemars, mes accès de colère et ma tendance à boire un peu trop pour m'oublier.

JE CONTINUAIS DE REFOULER, comme je pouvais, donc plutôt mal, les images qui me traversaient malgré moi. Je vivais en serrant les dents, et Mercédès ne savait toujours rien. Ce n'est pas que je n'avais pas confiance en elle : ne pas lui parler me permettait de penser qu'il n'y avait rien à dire... Tant que le problème n'était pas posé entre nous, avec des mots, il n'existait pas. La première année, nous étions logés dans un hôtel parce que la tour qui devait nous accueillir, à peine construite, vacillait déjà sur ses fondations mal réalisées, elle était donc en cours de rénovation avant même d'avoir été habitée. Ensuite nous avons pu intégrer un appartement dans cette tour, dans les étages les moins hauts : la différence de grade se mesurait au niveau qu'on habitait. Mercédès s'occupait comme elle pouvait la journée, elle fréquentait les autres épouses de légionnaires, mais la communication était restreinte parce qu'il s'agissait surtout de femmes venues des pays de l'Est. En revanche elle a pu sympathiser avec quelques Françaises, et surtout la femme du chef de corps pour qui je travaillais pendant les deux premières années du séjour : j'avais remplacé son chauffeur avec qui il ne s'entendait pas. Entre nous, comme entre nos épouses, le courant passait bien, j'étais très attaché à lui, humainement, et je crois que le respect entre nous était mutuel, mais les journées étaient harassantes : levé tôt, couché tard, des heures dans le véhicule sous une chaleur de gueux malgré la climatisation... L'épuisement physique a fini par masquer mon état psychique, et je ne me confiais toujours à personne.

Le 7 janvier 2015, quand un groupe armé a fait irruption dans les bureaux de *Charlie Hebdo*, je n'ai pas vraiment établi le lien avec l'islamisme que j'avais participé à combattre en Afghanistan. Tout me paraissait loin, Paris autant que Kaboul. La zone où les Français sont logés a été sécurisée et nous avons été encouragés à signaler tout événement qui nous aurait paru suspect, mais l'ambiance autour de nous était bonne. Les habitants des Émirats arabes unis apprécient la France que beaucoup connaissent – ils ont de l'argent, ils viennent faire les boutiques à Paris – et les Français : ils sont demandeurs de la présence des légionnaires et de l'armée en général – après le départ de la Légion, en 2016, un régiment de chars Leclerc est venue en remplacement. Nous leur apportons notre connaissance des combats en milieu désertique, les manœuvres, la défense dans un environnement cerné de menaces, en l'occurrence certains pays voisins dont ils se méfient. Cette coopération assure leur sécurité et tout est organisé pour que tout se passe bien pour tout le monde. Après la prière du soir, ils vivent comme nous : ils boivent du whisky et les filles sortent en minijupe. Nous, en tant que Français, ne devons pas conduire après avoir consommé une seule goutte d'alcool : au moindre accrochage, même si l'on n'est pas fautif, le retour direct vers la France est obligatoire. Mais il y a des taxis, et la vie est facile, confortable, festive même. Rien à voir avec l'Afghanistan auquel je ne pensais plus du tout : tant qu'on est occupé, trop occupé même...

J'ai eu l'opportunité de prolonger mon séjour d'un an. Comme c'était intéressant financièrement, j'ai accepté, mais j'ai vécu cette troisième année comme un enfer. Le chef de corps est rentré en France, le caractère du nouveau, concentré sur sa carrière exclusivement, me convenait beaucoup moins bien, j'avais perdu la capacité à obéir à des ordres que je trouvais stupides ou injustes. Mes verrous étaient en train de sauter. Le soir, quand je rentrais du boulot, je me montrais de nouveau agressif vis-à-vis de Mercédès et j'avais envie de boire. La nuit, je me réveillais en sueur après avoir fait des cauchemars. Pourtant je refusais de croire que c'était à cause de l'Afghanistan. Je n'y pensais même pas. Je mettais tout sur le dos de mon nouveau chef, de l'éloignement de mon fils que je ne voyais plus, et même du climat. Mais c'était un autre mal qui me rongeait. Ce mal que le premier médecin psychiatre que j'avais vu à Laveran avait diagnostiqué et que j'avais refoulé, le stress post-traumatique. Il se tenait comme une bête tapie en moi, dormante et silencieuse, mais prête à rugir.

16

Ce dont vous souffrez est grave

Le jour de mon retour en France, en juillet 2015, je pesais 100 kg pour 1,84 mètre. Et je ne pesais pas cent kilos de muscles... J'étais surtout bouffi d'alcool, je manquais d'exercice physique, je n'avais plus rien du combattant aguerri qui était parti en Afghanistan... À ma demande, j'ai été affecté au 4e régiment étranger, à Castelnaudary, là où j'avais commencé ma carrière dans la Légion. Il me restait un peu plus d'un an à faire, la boucle serait bouclée. Mercédès et moi nous sommes installés dans une petite maison en rase campagne, près de Castres, là où nous vivons toujours. Nous sommes vraiment isolés, mais des tourterelles viennent manger les miettes qu'on leur dépose dans un nichoir que j'ai fabriqué exprès pour elles, des huppes fasciées viennent picorer au pied de la haie, le vent secoue les feuilles des arbres, nos chiens ont de la place pour courir, nous sommes tranquilles... Mercédès et moi en avons fait notre nid, notre bulle a nous ! J'avais dit que j'avais besoin de travailler à l'extérieur, quel que soit l'emploi, même l'entretien des espaces verts m'aurait convenu. On ne m'a pas du tout entendu. Un bureau venait d'être créé à la comptabilité, un nouveau poste espéré depuis un an et demi, beaucoup de retard s'était accumulé dans la gestion des frais : il m'a été attribué... En revanche, j'ai attendu pendant des semaines le matériel qui allait avec. Pas d'ordinateur, pas de session à mon nom. J'ai passé un mois à ne rien faire. Le sentiment d'inutilité m'est aussitôt devenu insupportable. Puisque j'avais dit que j'avais besoin de sortir, on m'a trouvé des sorties : aller chercher un officier à l'aéroport, remplir des sacs de sable, entre autres. Je suis devenu l'homme à tout faire. Les cauchemars ont repris, de plus belle, je me battais à nouveau contre les talibans, je donnais toute ma voix dans les insultes que j'envoyais dans la nuit. J'avais la rage.

Même quand je me réveillais, en nage, j'avais encore la rage. D'ailleurs, il fallait que Mercédès me secoue pour que je réalise que j'étais réveillé, en France, dans ma chambre, et plus là-bas, dans le pays de mon cauchemar. La journée, je me sentais abattu, triste, je n'avais plus envie de rien. Et rien ne me faisait plus rire, rien ne me procurait le moindre plaisir non plus, j'étais comme indifférent à tout, y compris à ce qu'il m'arrivait de bon ou de moins bon. J'ai commencé à vomir. Même le café du matin ne passait plus. Ma femme s'inquiétait beaucoup pour moi, mais ce qu'elle me disait ne m'atteignait pas. J'ai perdu dix-sept kilos en trois semaines. C'est ce qui m'a décidé à consulter.

À Laveran, j'ai constaté que tout ce que j'avais mis en place lorsque j'y travaillais avait disparu. Le bureau de l'antenne médicale avait été déplacé au fin fond d'un dédale de couloirs, les malades étaient de nouveau abandonnés à eux-mêmes. Au moins, j'ai compris que je ne pourrais compter sur personne… J'ai fait un bilan physique complet. Verdict : début d'ulcère et polypes sur la paroi stomacale. On a attendu le résultat de leur analyse dans l'angoisse, et heureusement, il n'y avait pas de risque de développer un cancer. C'est là, enfin, en faisant le lien avec mes cauchemars, que j'ai compris que je somatisais à cause de l'Afghanistan. J'ai même rappelé que j'avais déjà consulté, dans ce même hôpital, en avril 2010. Le rapport clinique consécutif à ces examens en gastro-entérologie n'en porte pas mention... En revanche, j'ai été orienté vers la médecin-chef de psychiatrie, le docteur R. Elle m'a écouté, a fait une recherche dans les dossiers de son service, elle a retrouvé la première mention du stress post-traumatique me concernant... Et elle m'a arrêté, aussitôt, pour un congé maladie de trois mois, interrompu toutefois par notre rendez-vous mensuel. Quatre heures de route à l'aller, autant au retour, dans la même journée, pour me retrouver en face d'une femme qui ne demandait qu'à m'aider, mais qui en était incapable. Ce n'est pas sa faute, elle avait toutes les compétences nécessaires, et la patience aussi, et même la volonté – et je l'en remercie sincèrement. Seulement je n'arrivais pas à exprimer mes émotions. Décrire les images qui me hantaient m'était impossible. Les mots ne venaient pas.

En novembre 2015, presque quatre ans après mon retour d'Afghanistan, le docteur R. m'a fait passer un test appelé dans le jargon psy une PCLS (pour Posttraumatic Stress Disorder Checklist Scale), c'est-à-dire un test visant à évaluer à quel niveau de l'échelle du SPT je me trouvais. On aborde les problèmes d'agoraphobie, de phobie sociale, de reviviscences, d'anxiété, etc. Je cochais bien des cases... Dans son rapport, le docteur R. a écrit : « Le 27 novembre 2015, [le caporal-chef Crépin] était plus détendu du fait de la distance du milieu militaire, et nous en avons profité pour réaliser une PCLS où il obtient un score de 52 pour un seuil de positivité à 44. L'abord du trauma était encore impossible pour lui. » En effet, j'arrivais un peu mieux à évoquer quelques événements qui m'avaient marqué à Kaboul et à Rocco, mais jamais dans les détails. Quand les images revenaient avec trop de force, tout se bloquait en moi, je me mettais à trembler et à pleurer, plus un mot ne sortait de ma bouche.

Le docteur R. m'a prescrit un anxiolytique d'une part, et un neuroleptique d'autre part. La fiche explicative de ce dernier dit ceci : « Ce médicament vous a été prescrit pour améliorer des troubles psychiques qui peuvent, selon les personnes, se traduire par des symptômes tels qu'entendre, voir ou sentir des choses qui ne sont pas perçues par d'autres personnes (ce sont des hallucinations), être envahi par un excès d'idées, d'émotions, de croyances, de suspicions (délires), ne pas avoir envie de communiquer, s'isoler ou, au contraire, être trop exubérant. »

Je n'avais pas d'hallucinations, sinon nocturnes, mais des délires et le besoin de m'isoler, oui, en effet… J'ai été docile, j'ai avalé ces médicaments tout en prenant soin de ne plus consommer d'alcool. Ils m'ont anesthésié, littéralement, du soir au matin et du matin au soir. Je n'avais plus autant de visions cauchemardesques, mais je ne savais plus du tout qui j'étais. J'avais l'impression d'être un zombie, conduire est devenu dangereux pour moi-même autant que pour les autres automobilistes puisque je n'avais plus de réflexes. Je n'éprouvais plus aucune émotion. Sauf une : j'avais honte. En face du docteur R., je pouvais commencer à laisser sauter les verrous, ça ne me posait pas de problème. Mais vis-à-vis du régiment, oui, j'avais honte. La seule idée de devoir y retourner et d'affronter les regards des autres légionnaires, gradés ou non, me donnait des sueurs froides. Pour le docteur R., très vite, l'affaire a été entendue :

— Ce dont vous souffrez est grave. Il est clair pour moi que vous ne retournerez pas au régiment, c'est fini. Je pense que vous n'aviez pas l'intention de signer pour un nouveau contrat, mais vous pouvez terminer celui-là en restant dans les effectifs et en touchant votre solde.

Nous avons décidé de programmer mon hospitalisation, à partir de janvier 2016, pour qu'elle puisse me voir en entretien individuel plus régulièrement et permettre à ma parole de se libérer plus facilement. J'ai passé trois semaines dans une chambre individuelle, somnolant à cause des médicaments, et déjà conscient que le problème était comme étouffé sous une couverture chimique, mais pas réglé pour autant. Boire m'avait procuré les mêmes sensations. Je ne buvais plus rien, sauf mon petit cocktail de pilules, j'allais m'asseoir régulièrement sur une chaise face au docteur R., je parlais, avec peu de mots, elle acquiesçait avec moins de mots encore, « hum... », comme dans les films. Puis elle a résumé :

— Votre état est consécutif à ce que vous avez vécu en Afghanistan. Vous avez subi un véritable traumatisme et vous n'avez pas à en avoir honte. Je comprends que vous n'en ayez pas parlé pour des raisons de fierté, mais il n'est pas trop tard, et vous pourrez être soigné.

En mai suivant, je passais en congé longue maladie : six mois renouvelables, à la maison, avec les cachets et mes yeux pour pleurer. Avec le même sentiment de honte, toujours, mais vis-à-vis de ma femme désormais.

17

Comprendre enfin

Syndrome de stress post-traumatique. Des mots étaient enfin posés sur ce qu'il se passait depuis des années. Des mots, et seulement des mots : le rapport clinique n'expliquait pas de quoi il s'agissait exactement.

J'ai fait mon enquête pour mieux comprendre : dans le cas du SPT, la victime d'un événement comme par exemple une agression, un accident, un viol, ou dans le cas de Michaël une confrontation à la mort, subit d'abord un syndrome de répétition. En l'occurrence, elle « répète » l'événement en le vivant à nouveau à travers des cauchemars ou des visions, et elle développe des symptômes anxieux, notamment en revisitant la scène ou en élaborant des scénarios qui auraient pu lui permettre de l'éviter (« Si je ne m'étais pas porté volontaire pour l'Afghanistan... »). La victime développe aussi des obsessions, des phobies, multiplie les attaques de panique, continuant de souffrir durablement après l'événement en question, et sa manière d'être en société, au travail, en famille, en est altérée puisqu'il arrive aussi qu'elle s'isole et se désintéresse de tout. Les complications sont nombreuses : dépression, insomnie, envies suicidaires, addictions (à l'alcool dans le cas de Michaël). En résumé, on peut dire que la victime d'un SPT n'arrive pas à surmonter son traumatisme, lequel ressurgit en permanence à l'occasion de scènes de la vie qui « rappellent » le trauma.

Sur le site Internet du ministère de la Défense, l'armée française évoque à peine le SPT et ne donne pas de chiffres, à la différence des sites canadiens ou américains. De l'autre côté de l'Atlantique, pareillement, la sophrologie, l'hypnose, la méditation et l'EMDR (désensibilisation et retraitement par les mouvements oculaires) sont autant de techniques reconnues pour atténuer les souffrances des victimes de SPT, là où, encore aujourd'hui, la France est très en retard dans la prise en charge. Dans l'armée, en tout cas, on n'en parle pas. Michaël ne s'est vu prescrire que des anxiolytiques et des antidépresseurs...

Il m'a fallu quelques jours pour encaisser le choc. Quelques jours pour réaliser que notre vie ne serait plus jamais la même : j'avais imaginé que Michaël s'apaiserait après avoir quitté l'armée et trouvé une nouvelle place dans la société civile ; j'avais pensé naïvement que le temps jouait pour nous et que Michaël parviendrait à laisser ses démons au régiment. Soudain, le médecin-chef du service de psychiatrie de l'hôpital interarmées de Marseille posait un sigle sur le mal dont souffrait Michaël, et mettait ainsi fin à mes illusions.

La mise en retrait immédiate de Michaël du régiment sur la foi de son dossier médical a entraîné la rédaction, par la hiérarchie de Michaël, du « rapport circonstancié », en date du 26 janvier 2016 (et non d'octobre 2015 qui fut la date du constat du docteur R.). C'est un document essentiel parce qu'il assure, noir sur blanc, que la blessure psychique de Michaël est en lien avec son service, en l'occurrence avec son Opex en Afghanistan. Ce rapport circonstancié est en quelque sorte l'aval de l'institution qui permet l'ouverture de droits tels que la prise en charge des soins par l'armée, la pension d'invalidité, la demande de réparation ou le versement d'indemnités. De nombreux anciens militaires en souffrance depuis des années n'ont pas ce rapport circonstancié parce qu'ils ont quitté l'armée sans dire leur mal-être, parce qu'ils n'en étaient pas eux-mêmes conscients alors. Et lorsqu'ils décident, parfois plusieurs années plus tard, de faire une démarche de reconnaissance en tant que blessé psychique, ils sont démunis sans ce rapport circonstancié. J'ai ainsi eu connaissance de cas d'anciens soldats qui ont fait l'ex-Yougoslavie, l'Irak et jusqu'au Liban, toujours en souffrance psychique aujourd'hui, et qui « galèrent » pour être reconnus parce qu'ils ne possèdent pas leur rapport circonstancié !

DANS LE CAS DE MICHAËL, la première case était cochée. Michaël souffrait donc bien d'une blessure, certes invisible, mais réelle et reconnue par l'institution. Le rapport relate aussi les causes de ladite blessure, en cinq ou six lignes seulement (il n'y a pas assez de place pour exposer les faits plus en détails). Voici ce qui figure dans l'espace imparti : « Du 28 juin 2009 au 15 janvier 2010, le caporal-chef Crépin a effectué un mandat en Afghanistan lors de l'opération Pamir XXII avec la 2ᵉ Cᶦᵉ du 2ᵉ REI. Durant cette période, il aurait été exposé à des événements potentiellement traumatisants. Notamment : le 15/08/2009 suite à des tirs d'arme collective alliée sur son véhicule. Le 18/08/2009 suite à l'explosion d'un IED à moins de 200 m (au camp de Phoenix). Le 19/08/2009 suite à des tirs ALI [pour alliés] d'origine ANA [pour afghane] à moins de 20 m de son VAB (sur l'axe Desperado). » On le voit, les faits relatés ne correspondent pas précisément à ce que Michaël a enduré de douloureux là-bas : rien sur les corps des soldats américains qu'il a dû ramasser, ni sur la roquette qui a manqué de le tuer la nuit de Noël, ni sur son sentiment d'inutilité quand il a été empêché de secourir les journalistes français pris en otage. L'armée n'est pas appelée « la grande muette » sans raison... Mais, pour moi, je commençais enfin à y voir clair ; je pouvais poser un sigle sur le comportement de mon mari.

Alors, je me suis posé trois questions : cette blessure, jusqu'à quel point allait-elle changer mon mari ? Comment notre couple pourrait-il évoluer dans ce contexte, face au parcours de santé qui nous attendait et dont nous ignorions tout ? Enfin qu'est-ce que moi, Mercédès, épouse de Michaël, je pouvais faire ? Ma prise de conscience fut douloureuse. L'amour que je portais à mon mari allait-il être assez fort pour accepter cette maladie invisible que, tout à coup, je comprenais être la cause de ses changements d'humeur ? Pourrait-il guérir et redevenir l'homme d'avant l'Afghanistan ?

Je me suis mise à le regarder à travers le filtre du stress post-traumatique. Je l'ai observé autrement, à chaque instant, dans ses gestes – cette manie, qu'il a gardée, de se savonner les mains et de les rincer à grande eau jusqu'à quinze fois par jour –, comment il s'habillait – même jean, même tee-shirt, plusieurs jours d'affilée –, se lavait – des semaines sans se raser, des mois sans se faire couper les cheveux. Un jour, soudainement selon moi, il a réuni toutes ses tenues militaires et les a jetées en vrac dans des sacs-poubelles qu'il a planqués au fin fond de notre remise. Il a gardé son képi blanc et ses médailles qu'il a finalement offertes avec émotion à son ami Manu, venu nous voir, pendant l'été 2016, en lui disant ces mots : « Prends-les, je sais que, chez toi, tout ce qui me reste de fidélité à la Légion étrangère sera bien gardé. » J'ai aussi écouté Michaël autrement, en prêtant une attention particulière aux mots, au ton qu'il employait. Et j'ai bien dû constater qu'il continuait de changer malgré sa prise en charge. Il ne retrouvait pas le caractère léger et même joyeux d'avant l'Afghanistan ; d'un autre côté, il ne se mettait plus non plus en colère pour des broutilles. Il semblait indifférent à tout. Les cachets l'abrutissaient et ne le soignaient pas. Les bruits forts et soudains continuaient à provoquer chez lui des réactions inappropriées. Il y avait eu l'épisode du feu d'artifice, il y avait aussi les aboiements des chiens qui le surprenaient et le rendaient tout à coup hargneux, prêt à bondir... Ou à se coucher au sol, ventre à terre. Se promener en ville était devenu très compliqué : qu'une moto accélère brutalement, qu'un bruit métallique jaillisse d'un chantier, et Michaël pâlissait. La promiscuité avec d'autres passants lui était insupportable. Il se tenait aux aguets en permanence. Il aurait aimé, disait-il, avoir une arme sur lui pour se défendre (tout en reconnaissant volontiers qu'il était préférable qu'il n'en porte pas).

Un jour, nous sommes entrés dans un magasin pour lui acheter un nouveau pantalon. Une femme entièrement voilée s'est avancée à son tour. Son attitude n'était nullement menaçante, elle faisait ses courses elle aussi, mais Michaël a eu une reviviscence de l'Afghanistan et commencé une crise de panique. Nous avons dû sortir précipitamment. Toutes ces années – presque une dizaine maintenant ! –, nous avons systématiquement évité les villes et tout endroit où la densité de population pouvait être angoissante. Michaël a été officiellement reconnu par le docteur R. atteint d'agoraphobie. Malgré le temps qui passe, Michaël ne peut toujours pas supporter de voir, à la télévision, une scène de guerre. Nous ne regardons donc pas les informations, et il faut bien choisir le film du soir… Enfin, même si la journée se déroule dans une relative sérénité, celle de la nuit n'est jamais garantie.

En janvier 2016, je travaillais parce que financièrement c'était nécessaire : j'étais retournée à mon premier métier, le télémarketing, plus communément appelé « vente par téléphone », dans une entreprise située à quinze minutes de la maison, à Castres. J'avais signé un contrat d'embauche en CDI pour un temps plein, avec une période d'essai d'un mois. Un soir, une semaine précisément après ma prise de poste, je suis rentrée, comme d'habitude, retrouver mon mari qui était alors en arrêt maladie depuis peu. C'était quatre jours après son hospitalisation en service psychiatrique à Laveran. Il était affalé dans le canapé, aussi éteint que le poste de télévision devant lui, il n'avait visiblement pas bougé de la maison de toute la journée. Il avait un peu bu, car il continuait à boire de temps à autre, il ne prenait plus ses médicaments : nous avions décidé ensemble qu'il valait mieux qu'il arrête, car les effets secondaires le détruisaient plus encore que le SPT. Alors Michaël m'a dit qu'il avait préparé une corde pour se pendre. J'ai démissionné le lendemain, prétextant des problèmes de santé personnels. J'ai eu peur de perdre mon mari en le laissant seul ! Je ne connaissais toujours pas les réponses à mes deux premières questions, mais quant à la troisième – qu'est-ce que moi, Mercédès, je pouvais faire pour mon mari ? –, j'avais une idée, au moins une volonté : tout. Je ferais tout pour lui, tout pour qu'il vive et qu'il guérisse. Et pour commencer, je le soutiendrais, quelles que soient les difficultés, financières notamment, que nous devrions affronter. En parallèle des soins et de l'attention que je portais à mon mari blessé, j'ai donc entamé un nouveau combat nécessaire et complémentaire : le combat pour une indemnisation juste.

18

Un nouveau combat

L'impossibilité pour Michaël de remettre les pieds au régiment est devenue une réalité tangible dès son premier jour d'arrêt-maladie : comme il le dit lui-même, il éprouvait autant de honte que de soulagement. Honte vis-à-vis de moi, mais aussi de ses collègues, et soulagement à l'idée de ne plus enfiler ni voir le moindre uniforme. Toutefois, il s'est aussi senti très isolé tout à coup, et j'ai partagé ce sentiment face à l'institution : sur le plan administratif, nous nous sommes retrouvés en totale déshérence. Ni le régiment ni la SAI, la Section administrative des isolés, dont Michaël a parlé plus haut, ne nous ont jamais appelés pour nous accompagner dans les démarches nécessaires et nous informer sur nos droits. C'est en naviguant sur les réseaux sociaux que j'ai vu que mon mari pouvait prétendre à une pension d'invalidité. Très tôt, j'ai lancé un appel à l'aide auprès de la Cabat, la Cellule d'assistance aux blessés de l'armée de terre, dont les missions – c'est le ministère de la Défense lui-même qui l'affirme – consistent à « identifier les besoins du blessé et coordonner les actions à mener : suivi administratif et social, assistance juridique, visite des blessés par les autorités », ainsi qu'à veiller à ce que le blessé soit accompagné « durant sa convalescence jusqu'à sa réinsertion dans l'institution militaire ou sa reconversion dans le secteur civil ». J'ai donc exposé notre situation et demandé de l'aide.

— Madame Crépin, quelle était son affectation régimentaire avant son arrêt ?

— Le 4e régiment étranger de Castelnaudary.

— Ah, mais la Légion étrangère, c'est particulier… Je vous rappelle.

J'attends toujours…

La Légion fait pourtant bien partie de l'armée de terre que la Cabat est censée défendre… Bien sûr, son recrutement étant ouvert aux hommes de tous les pays du monde, elle compte peu de Français dans ses rangs.

Je n'ose imaginer que c'est la raison pour laquelle l'institution se désintéresse de ses légionnaires blessés. Il se trouve que Michaël est français, mais combien sont-ils, venus de Russie, du Chili ou du fin fond de l'Afrique, souffrant comme lui de SPT après s'être battus au service de la France ?

Je sais que bien des personnes, hélas, se retrouvant tout à coup au chômage, ou en arrêt longue maladie, expérimentent, comme nous l'avons vécu, la solitude et l'inquiétude au quotidien. Ces difficultés, n'importe quel employé du privé peut les rencontrer. Les dossiers administratifs, quel que soit le service compétent, ne se remplissent pas tout seuls… Mais s'agissant de l'armée, encore une fois peut-être étais-je naïve, je pensais que les choses seraient faites, en temps et en heure, dans le respect des hommes qui se sont battus pour leur pays. En l'occurrence, c'est auprès du régiment qu'il fallait demander les papiers. Notre contact : le bureau de soutien aux isolés (quel choix approprié que ce terme d'« isolés » !) Or lorsque c'est une épouse qui appelle, ça ne passe pas ; on nous fait clairement comprendre que notre place est sur la base arrière, dans l'ombre, et dans le silence. Il fallait donc que ce soit Michaël lui-même qui se charge d'obtenir les documents dont il avait besoin. Seulement, il était évidemment incapable de prendre le téléphone et de demander à parler à qui que ce soit. J'en ai envoyé des mails, j'en ai passé des coups de fil...

Chaque mois Michaël devait se rendre à Marseille – à plus de quatre cents kilomètres de chez nous, donc – pour y rencontrer le docteur R. Mais après cette visite mensuelle, le régiment exigeait qu'il se rende en sus à Aubagne, muni d'une lettre remise par le médecin, attestant qu'il s'était bien rendu à la consultation, sans quoi sa solde lui serait tout simplement supprimée ! À l'ère des télécommunications instantanées, c'est tout de même extraordinaire... Le pire dans tout cela, c'est que Michaël ne supportait plus la vue d'un uniforme. Mettre les pieds au régiment lui était physiquement et moralement insupportable, d'autant qu'il devait parfois attendre pendant des heures dans un couloir, son attestation à la main. Après quelques mois de ce cirque, le docteur R. a produit une lettre pour le régiment, signifiant qu'elle transmettrait elle-même les preuves du suivi médical de son patient, et qu'il n'était pas utile que ce dernier revienne au régiment. Mais que de coups de fil, de supplications et de pressions pour arriver à ce que les besoins de mon mari soient pris en compte...

Le « cas Crépin » a fini par remonter au commandant en second qui m'a enfin appelée :

— Madame Crépin, les mails, même si c'est vous qui les rédigez, il vaut mieux que vous les signiez Caporal-chef Crépin.

— OK, j'en prends acte, pourvu que j'obtienne les papiers...

Une autre fois, j'ai eu un sergent-chef en ligne. Comme ses collègues avant lui, il m'a dit qu'il ne donnerait l'information que je demandais qu'à mon mari en personne. Or Michaël se trouvait juste à côté de moi à cet instant.

— Très bien, ai-je répondu au sergent-chef, je vous passe mon mari.

Je l'ai amèrement regretté : cet homme a parlé à Michaël comme à un chien. J'entendais mon mari répéter, tout tremblant :

— Oui chef. Oui, oui, chef...

Il lui a fallu des jours (plus d'une semaine en réalité) pour se remettre de cet appel où il s'est vu reprocher de ne pas être capable d'effectuer ses démarches par lui-même. L'abandon était une fois de plus acté verbalement pour Michaël. Et quand j'ai téléphoné en retour pour protester, le sergent-chef n'a pas pris la peine de me rappeler, mais il m'a envoyé un mail en guise d'excuse avec ces deux seuls mots : « Mea culpa. »

CHAQUE NOUVELLE JOURNÉE était un nouveau combat. Et je l'admets, je n'ai pas toujours été forte... Après avoir démissionné, à la maison vingt-quatre heures sur vingt-quatre sans personne avec qui discuter et sans activités de loisirs, je me suis un peu abandonnée. J'ai arrêté de me maquiller, je ne faisais plus d'effort sur le plan vestimentaire, et je n'allais même plus chez le coiffeur, par manque de moyens notamment. C'est malheureusement souvent le cas : de nombreuses épouses tombent en dépression en même temps que leur homme. J'ai eu la chance d'avoir un sursaut avant de sombrer tout à fait, parce que cette force fait partie de mon caractère. Au bout de quelques semaines, j'ai remis du rouge à lèvres et des chemisiers plutôt que des tee-shirts informes. Pour mon mari. J'ai décidé d'être la femme qu'il mérite, c'est-à-dire coquette, forte, celle qu'il avait choisie des années plus tôt, à la hauteur de l'homme qu'il était avant et qu'il restait malgré tout. Quand on aime son homme, on le porte et on le soutient. Et on le mobilise aussi sur les questions aussi fondamentales et nécessaires que le respect de soi-même. Michaël a eu une période où il se comportait comme ces types que l'on traite de clochards dans la Légion parce qu'ils ne prennent pas assez de douches dans la semaine... Je l'ai secoué. Notre maison étant une dépendance d'une grande propriété, elle est cernée de terrains vastes et non cultivés. Michaël a demandé – et aussitôt obtenu – l'autorisation de faire un potager, c'est une activité qui l'a aidé à reprendre pied physiquement. Il savait pourquoi il se levait le matin, et ce n'était plus seulement pour fumer des cigarettes devant la télévision...

UNE FOIS PAR MOIS, il continuait de se rendre à Laveran pour une consultation obligatoire en psychiatrie. Chaque aller-retour était à ses frais, avec sa propre voiture : ni l'essence ni les péages ne lui étaient remboursés. La solde de Michaël était de 1 309 euros, moins 180 euros de remboursement de trop-perçu lié au système Louvois. Notre loyer s'élevait à 800 euros. Nous avions beau être forts de notre amour et, même si j'insufflais à notre couple une certaine combativité, nous nous enfoncions financièrement. Cela n'aidait pas Michaël, toujours souffrant, à relever la tête et à envisager une reconversion.

LOUVOIS EST LE LOGICIEL DE CALCUL des payes des membres de l'armée de terre (entre autres, il est aussi celui du personnel du service de santé des armées et de la marine nationale) ; il a été mis en service en 2011. Il faut savoir que les soldes varient d'un mois à l'autre en fonction de la nature des missions : j'ai entendu sur France Inter qu'il existe 174 primes et indemnités différentes ! Dans ces conditions, il n'est pas étonnant qu'il y ait des erreurs. Trop perçu, ou au contraire soldes injustement amputées, le nombre d'erreurs est colossal : le ministère de la Défense estime qu'il serait à ce jour débiteur d'environ 545 millions d'euros, qu'il se charge de récupérer bien entendu. Ainsi chaque mois, pour les militaires – ou pour les épouses des hommes partis en opération extérieure –, l'heure de l'ouverture de l'enveloppe de paye peut réserver toutes sortes de surprises.

En novembre 2016, sur la feuille de solde de Michaël, je n'ai pu que constater qu'il n'avait plus de mutuelle… Après la panique, l'angoisse, les pleurs, est venue la colère. Michaël n'était pas encore déclaré inapte au service en régiment (la dernière étape avant le retour à la vie civile). Même s'il était en congé longue durée pour maladie, il faisait toujours partie des effectifs de la Légion et versait donc sa cotisation à la mutuelle de 109 euros. Furieuse, j'ai appelé le régiment et demandé à parler directement au chef de corps, en précisant que nous l'avions connu à Abu Dhabi où il n'était encore « que » colonel. J'imagine que cela m'a servi puisque le commandant en second a accepté de m'écouter.

— Tous les mois, mon mari se rend à Marseille, à ses frais, en voiture. Si, en plus, il doit être hospitalisé, comment je fais ?

— Madame Crépin, je comprends, le SPT, c'est compliqué... Je vais voir ce que je peux faire...

C'est le bureau des isolés qui m'a rappelée après avoir enquêté auprès de la mutuelle : il s'agissait de simples « anomalies » qui seraient rectifiées le mois suivant... En effet, la mutuelle a rétabli les droits de Michaël, contre deux prélèvements, bien sûr... Par ailleurs je ne cessais de batailler pour savoir où en était sa demande de pension militaire d'invalidité (PMI). Le bureau des isolés m'a enfin donné une réponse : aucun dossier de PMI n'était en attente, où que ce soit, pour mon mari. Nous attendions depuis février, nous étions en novembre, et son dossier était donc perdu ! Furieuse, j'ai rappelé le chef de corps. Il n'a pas pu me donner d'explication claire sur ce qui était arrivé, mais il a fait preuve d'empathie et m'a mise en contact avec l'assistante sociale de l'armée la plus proche de notre habitation, qui nous a beaucoup aidés.

La demande de PMI de Michaël s'était bien égarée entre les différentes administrations. Le dossier était à reconstituer ! Le temps que le nouveau soit examiné, on avait perdu plus d'un an d'indemnités… Aujourd'hui, Michaël a un taux d'invalidité de 40 %. Le montant de sa PMI s'élève à 230,40 euros net par mois, en complément d'une retraite de 1 148 euros net une fois retirées la CSG et les autres contributions, sur un brut de 1 263,52 euros. Soit 1 378,40 euros pour vingt-deux ans dans l'armée et une vie fracassée pour toujours. Bien sûr, si Michaël avait été sous-officier, sa PMI ne serait pas aussi dérisoire. Hélas, aujourd'hui encore, la vie d'un légionnaire du rang a si peu de valeur aux yeux de l'institution. Nous avons eu d'autres occasions de le constater…

DEPUIS 2005, UNE PROCÉDURE appelée « indemnisation Brugnot » permet aux blessés de l'armée de demander l'attribution d'une somme, ponctuelle, « en cas de décès, blessures reçues ou maladies contractées en service », les blessures psychiques notamment. Il s'agirait, selon une fiche d'information réalisée par la Fédération nationale André-Maginot, qui œuvre au bénéfice des anciens combattants et des militaires d'active, de compenser, d'une part, « les pertes de revenus et l'incidence professionnelle résultant de l'incapacité physique » et, d'autre part, « le déficit fonctionnel entendu comme l'ensemble des préjudices à caractère personnel liés à la perte de qualité de la vie, aux douleurs permanentes et aux troubles ressentis par la victime dans ses conditions d'existence personnelle ». Seulement la procédure est compliquée, longue, et tout est fait pour dissuader le blessé de la lancer ! Après en avoir entendu parler grâce à l'assistante sociale de l'armée, j'ai envoyé au Centre d'expertise juridique du soutien juridique (CESJUR) à Villacoublay un courrier demandant, précisément, « réparation des préjudices à caractère personnel subis par Michaël en qualité de blessé en lien avec le service », y joignant bien sûr le rapport circonstancié qui fait foi et tous les documents médicaux qui attestent du suivi psychiatrique militaire, ainsi que le dossier de PMI en cours. Le 29 mai 2018, soit presque six mois après l'envoi de cette demande, Michaël a passé une expertise, au Régiment du train à Toulouse, avec un médecin militaire réserviste désigné par le Service de santé des armées. Pour commencer, le médecin a annoncé :

— Vous savez que votre dossier ne sera pas prêt avant octobre ?

Les expertises pour Brugnot n'avaient lieu que le mardi, la secrétaire était débordée, le médecin ne voyait que deux blessés dans la journée, puis il devait partir quinze jours en stage… Il avait le dossier de Michaël sous le nez, il ne l'a pas ouvert.

— Bien, racontez-moi !

Face à un médecin visiblement débordé – ou peu concerné –, et qui l'avait cueilli à froid en lui reprochant d'avoir cessé de prendre ses médicaments sans même lui demander pourquoi il ne les supportait pas, Michaël est resté quasiment muet. Il n'a pas été en mesure de détailler de vive voix son parcours dans la Légion, ses Opex, encore moins celle de l'Afghanistan. Après cette expertise médicale, la procédure veut que « le Service Local du Contentieux (SLC) chargé de l'instruction de la demande indemnitaire établisse un protocole transactionnel d'indemnisation qui est adressé à la victime et/ou, le cas échéant, à ses ayants cause. Ce protocole, qui peut être discuté, y compris jusque devant la Commission de recours des militaires, a le caractère d'un contrat privé, donc confidentiel, souscrit entre les parties. » L'indemnité est définie en fonction du grade du militaire blessé, du nombre d'années de service, de sa situation familiale, du taux d'invalidité, et d'une note d'expertise établie entre 1 et 9 sans que l'on connaisse bien les critères d'évaluation. Au plus haut, la somme atteindrait les 15 000 euros, mais c'est rarissime. Dans les faits, en recoupant des témoignages de militaires indemnisés peu soucieux de respecter la confidentialité dans la mesure où l'institution se désintéresse d'eux, j'ai pu établir que le montant de l'indemnité se situe entre 3 000 et 8 000 euros pour un militaire du rang, et jusqu'à 20 000 euros pour les officiers. Lorsque la somme proposée est dérisoire, ce protocole peut être discuté, certes, puisqu'on a quinze jours pour faire appel. Mais c'est encore une démarche compliquée et d'autant plus douloureuse qu'on n'a pas d'arguments supplémentaires à faire valoir : s'ils n'ont pas été entendus une fois…

Ce cauchemar est d'ailleurs un peu le même avec la pension d'invalidité : depuis la refonte du code des pensions d'invalidité militaire, le taux est défini par une commission unique. Si le militaire veut contester le pourcentage d'invalidité qu'on lui « assigne », sans transparence, sans le justifier, et donc l'indemnité mensuelle qui en découle, il doit se tourner vers les tribunaux civils. Seulement, comment trouver les moyens de prendre un avocat quand on touche une retraite ridicule, pas d'indemnisation d'invalidité pour la compléter, même modestement, et alors que les délais sont tellement longs…

Finalement, l'indemnité proposée à Michaël dans le cadre de la procédure Brugnot a été fixée au minimum : 3 000 euros. Nous l'avons acceptée pour les raisons que je viens d'exposer : entamer un recours allait nous coûter plus cher encore, et sans garantie de résultats. Par ailleurs, chaque jour qui passait, Michaël manifestait son envie d'en finir tout à fait avec l'armée, et d'aller de l'avant. C'était légitime et même bon signe pour son état de santé. Pour autant, le sentiment d'avoir été méprisé quand il a découvert le montant qui lui était proposé, ajouté à la condescendance affichée de ses supérieurs, de certains médecins, etc., lui laisse un terrible goût d'amertume.

POUR MA PART, je me suis vite sentie investie de la mission de défendre Michaël et tous ses frères d'armes, en souffrance comme lui, et déconsidérés parce qu'ils ont fini leur carrière en bas de l'échelle. L'année 2017, je l'ai passée le nez dans les procédures, les règlements, les textes de loi, pour savoir quoi demander, et à qui. Sur un même dossier, j'ai pu avoir jusqu'à quinze interlocuteurs, parfois incompétents, peu motivés, ou bien mal informés tout simplement, me répondant par des aberrations ou ne me répondant pas parce qu'ils ne savaient pas... La plupart du temps, quand je passais mes appels, Michaël, pour ne pas m'entendre, sortait promener les chiens. Il s'en voulait pour l'énergie que je dépensais sans fin, et le plus souvent en vain. Il découvrait peut-être à quel point je suis tenace quand une cause me tient à cœur. Et quelle cause plus juste aurais-je pu trouver que celle de nos soldats abandonnés par leur famille, l'armée, quelle cause plus juste que celle de la défense de mon mari ? Peu à peu j'ai constaté que d'autres femmes de militaires partageaient ma colère, j'ai pris contact avec elles, jugeant qu'à plusieurs, nous serions peut-être mieux entendues. Je n'imaginais pas à quel point !

Il y a eu un déclencheur : la démission du chef d'état-major des armées, le général Pierre de Villiers, le 19 juillet 2017. C'est un chef que les militaires dans leur ensemble respectaient parce qu'il les défendait bec et ongles. D'ailleurs, si le président de la République l'a contraint à la démission, c'est parce que le général de Villiers s'est publiquement opposé à la réduction du budget de la Défense, tout en dénonçant de nombreuses aberrations. En naviguant sur les réseaux sociaux, je suis tombée sur la page d'une femme, comme moi épouse de légionnaire, comme moi ulcérée. J'ai pris contact avec elle. En quelques semaines seulement, nous étions huit mille ! Ensemble nous avons monté le mouvement « Femmes de militaires en colère ». Il s'agissait de nous unir pour porter publiquement les revendications de nos époux soumis quant à eux au devoir de réserve. Et cela a fonctionné : les médias se sont intéressés à nous. Invitées à exprimer nos doléances face au Premier ministre, Édouard Philippe, dans « L'émission politique », le 27 septembre en direct sur France 2, nous avons décidé que j'étais la plus à même de faire entendre notre voix commune. Il n'était pas seulement question du combat qui m'importe le plus, la reconnaissance et le suivi des blessés psychiques de guerre, mais aussi de dénoncer les ratés du système Louvois. Ce soir-là, face au Premier ministre, je pleurais ma sœur dont je venais d'apprendre le décès brutal, à l'âge de cinquante-et-un ans, survenu plus tôt le jour même. Avec l'émotion qui m'étreignait à ce moment-là, maladroitement, je ne pus que dire : « Pardonnez-moi, Monsieur le Premier ministre, je vous parle avec mes tripes et mon cœur ! » Oui, c'est bien avec mes tripes que j'étais venue sur ce plateau de télévision où je représentais ce soir-là tant de familles de militaires. Aussi vertement mais dignement et respectueusement que possible, j'ai dénoncé le système : « Nous avons besoin de vous crier une situation d'urgence, Monsieur le Premier ministre. Nous ne sommes pas payés. Nos hommes ne reçoivent pas leur solde intégralement, c'est souvent soit en partie, soit trop. Le système Louvois nous saigne depuis six ans. Nous ne pouvons plus payer nos factures. Nous ne pouvons plus payer notre loyer, remplir notre frigo, parce que nos hommes, que vous déployez sur les terrains extérieurs aussi bien qu'en sentinelle à Paris notamment, ne sont pas payés. Ces derniers sont obligés de dormir sur des lits à picots infestés de puces et sont nourris avec des biscuits périmés. Ils ont pourtant besoin, d'être à 100 % de leur attention. Quelle reconnaissance ? Ils ne sont pas traités dignement. Parlons aussi des blessés de guerre, je sais de quoi je parle. Croyez-vous qu'il soit normal que les blessés psychiques n'aient, pour tout soin, qu'une visite mensuelle à l'hôpital des armées et des ordonnances d'anxiolytiques, alors que l'EMDR, la sophrologie, qui sont prodigués aux victimes des attentats, leur sont interdits parce que la mutuelle des militaires ne prend pas ces soins en charge ? »

Après l'émission, j'ai pu m'entretenir hors caméras avec le Premier ministre. Il m'a posé des questions sur la situation de Michaël et m'a conseillé de contacter la Cabat pour obtenir de l'aide. J'ai insisté quant à moi sur le fait que je représentais de nombreuses familles et pas seulement le cas personnel de mon mari, réitérant ma demande, faite quelques minutes auparavant dans l'émission, de nous retrouver autour d'une table pour évoquer les problèmes majeurs et urgents à résoudre. Édouard Philippe s'est engagé à y répondre favorablement dans le courant des jours suivants. Quelques semaines plus tard, en effet, j'ai été invitée à participer à une table ronde, dans l'enceinte de l'hôpital du Val-de-Grâce. Il était question de ce que l'institution pouvait organiser différemment afin d'être plus efficace au service des blessés. J'ai été informée de la création en cours d'un portail numérique qui permettrait d'éviter que des dossiers papier se perdent dans les méandres des services des armées. Un engagement a été pris par un Commissaire en chef du Secrétariat général de l'administration (présent trente minutes sur les deux heures et demie qu'a duré la table ronde !) pour que les dossiers PMI soient traités en huit mois au maximum, et j'ai entendu que serait menée la refonte du guide du blessé, un document précisant toutes les procédures à mener, comment, auprès de qui, etc. Le 31 octobre 2017, la ministre Florence Parly annonçait un « plan famille » comprenant douze mesures censées rendre la vie des militaires et de leurs proches plus facile. Il y est notamment question des blessés, mais il est précisé que les blessés psychiques feront l'objet d'un autre rapport. On imagine avec quelle impatience nous l'attendons !

Dans le cas précis de Michaël, les choses se sont en partie débloquées : sa pension militaire d'invalidité lui est versée chaque mois, sa mise en réforme a été actée fin mai 2018 – et je voudrais citer le professionnalisme et la fraternité du camarade de Michaël, le caporal-chef Rogier, de la cellule des Ressources humaines de la Légion étrangère à Aubagne : il a fait en sorte que le dossier de demande de retraite à jouissance immédiate de Michaël soit traité dans les délais impartis, ainsi nous n'avons pas subi de rupture entre le versement de la solde et celui de la retraite. Mais combien de militaires n'ont pas comme nous la chance d'avoir des contacts aussi privilégiés ? Combien d'hommes blessés n'ont tout simplement pas auprès d'eux une personne susceptible de se mobiliser sans relâche pour les aider ? Et qu'arrive-t-il quand ils sont entièrement seuls pour organiser la suite de leur vie professionnelle ?

MICHAËL A TROUVÉ peu à peu la ressource nécessaire en lui, bien aidé notamment par la méditation transcendantale. C'est une discipline qui aide beaucoup les vétérans de l'armée américaine à retrouver de la sérénité et à reprendre confiance en eux. Le réalisateur David Lynch a créé une fondation pour qu'un maximum de personnes en bénéficie, et le président de son antenne en France, Philippe Chauvancy, nous a écrit après m'avoir vue à la télévision. À partir de la fin janvier 2018, un enseignant en méditation transcendantale est venu de Toulouse, chaque soir pendant huit jours puis tous les quinze jours pendant un mois, puis une fois par mois. Il formait Michaël, réticent au début, mais vite convaincu par les bienfaits qu'il a ressentis. Après quelques semaines d'exercice seulement, il pouvait faire ses courses, seul, calmement. Puis il a repris goût à l'entretien de son potager. Un matin de mai, je l'ai entendu siffloter en préparant ses semis sur la terrasse. J'en ai pleuré, de joie bien sûr, et en cachette… J'ai été formée à la méditation également par une enseignante qui venait de Paris une fois par mois, et je peux assurer que je ne peux plus me passer de pratiquer désormais ! La sérénité d'esprit que les médicaments n'avaient pu donner à Michaël, la méditation l'apporte par un exercice régulier qui ne coûte rien qu'un peu de temps. Il est tellement dommage qu'elle ne soit pas prescrite sur ordonnance en France pour toutes les personnes qui ont subi un traumatisme, quel qu'il soit…

Allant de mieux en mieux, Michaël a commencé à s'imaginer un avenir après sa première carrière dans la Légion. Loin de se laisser abattre par le SPT, il a réfléchi au milieu dans lequel il pourrait avoir envie d'évoluer après sa retraite de l'armée : il ne se voyait pas vigile dans un supermarché, ni chauffeur poids lourd, les deux métiers les plus évidents pour les hommes comme lui formés à la sécurité et à la conduite d'engins... Désormais bien plus à l'aise au contact de la nature et des animaux que des villes et des hommes, il a imaginé devenir exploitant agricole. Un beau projet ! Il se trouve que l'un de nos voisins, François, caporal-chef également, mais dans l'armée de terre quant à lui, était sur le point de finir son contrat dans le même temps, et nourrissait un désir de reprendre l'exploitation du domaine agricole familial. Ensemble, François et Michaël ont pris contact avec un lycée agricole voisin qui propose une formation de responsable d'exploitation, validant un brevet professionnel au terme d'une année de cours et de stages en entreprise. Ils ont été reçus tous les deux, ils ont passé des tests tous les deux – en maths, notamment des conversions de poids et de volume, et des exercices de français... –, et ils ont été admis tous les deux pour la session ouverte en septembre 2018. Ne restait qu'à trouver le financement de la formation, autour de 12 000 euros. François, après dix ans de service, en a fait la demande au sein du 8e RPIMA où il travaillait, et il a obtenu des aides sans tarder. Pour Michaël, en revanche… En théorie, il est acquis que tout membre de l'armée qui quitte l'armée a droit à une aide à la reconversion. C'est faux : rien n'est acquis.

DÉFENSE MOBILITÉ est un organisme dépendant du ministère des armées qui s'occupe de la reconversion des militaires dans la vie civile. Il se dévoue notamment aux militaires ou anciens militaires ayant quitté l'institution depuis moins de trois ans – et sans limite de temps pour le personnel militaire blessé en opérations. Le bureau d'aide à la reconversion de la Légion étrangère en dépend. C'est donc ce dernier que j'ai appelé, en février 2018, quand le moment fut venu d'organiser la nouvelle vie professionnelle de Michaël.

— Mon mari est en arrêt longue maladie pour un syndrome de stress post-traumatique, il sera retraité de la Légion en mai 2018 et il a déjà trouvé un stage de formation, mais il va falloir réunir le financement. J'aimerais savoir comment ça va se passer.

— SPT ? Il est blessé ? Ah… Attendez, je vous prie…

Après avoir pris des renseignements auprès de son collègue, il est revenu vers moi :

— Alors, d'abord, pour le SPT... Il faut que sa blessure soit homologuée blessure de guerre.

— Très bien, je vais m'en occuper.

— Ensuite, ce stage... Qu'est-ce que c'est ? Et combien ça coûte ?

J'ai tout expliqué, en détail et, comme s'il appartenait à mon interlocuteur d'ouvrir les cordons de la bourse dans l'instant, ou au contraire de la refermer pour toujours, ce dernier s'est exclamé :

— Quoi ? Vous pensez qu'on va sortir 12 000 euros comme ça ? Et qu'est-ce qui nous dit qu'il ne voudra pas devenir pilote d'hélicoptère dans une semaine ? Bon, de toute façon, Madame Crépin, il va falloir que le caporal-chef se déplace, qu'il vienne nous expliquer. Mais je vous préviens, il n'est pas sûr que ça passe !

J'ai aussitôt contacté la Cabat, censée centraliser tous les blessés et les aider dans leurs démarches. J'ai eu son chef officier en ligne.

— Monsieur, savez-vous que les blessés psychiques, pour bénéficier d'une aide dans leur reconversion, doivent être reconnus blessés de guerre ?

— Non Madame, je ne suis pas au courant.

— C'est ce qu'on m'a dit. Alors, selon vous, comment je fais ?

— Eh bien, à votre place, je monterais le dossier et je tenterais le coup, quitte à vous faire débouter.

Il me suggérait de lancer de nouvelles démarches sans garantie de résultat et au mépris des conséquences psychologiques pour Michaël en cas de refus, que ce lieutenant-colonel jugeait probable par ailleurs... Je me suis au moins renseignée sur l'homologation blessure de guerre, qui n'est pas automatique dans le cadre d'un syndrome de stress post-traumatique, quand bien même il est apparu sur un terrain de guerre comme l'Afghanistan. C'est tout simplement honteux : on demandait à un homme, qui souffrait encore de se sentir oublié, délaissé par l'institution, de prier celle-ci de lui accorder (ou pas, selon le bon vouloir du chef de corps) la reconnaissance de sa blessure en tant que blessure de guerre. Ainsi, les expertises des médecins ne suffisaient pas. La compétence médicale pouvait être remise en cause par un haut gradé. Michaël s'est fendu d'une lettre au colonel D. La réponse, favorable, est arrivée deux mois plus tard par courrier recommandé, et j'ai pu constater l'effet positif qu'elle a produit sur le moral de mon mari. Michaël répète souvent que, pour aider un blessé à se sortir de ses souffrances, il faut lui permettre de se sentir respecté, reconnu, puis de passer à autre chose. En lui accordant cette homologation de blessure de guerre, le colonel D. apportait le soutien symbolique de tout le régiment à Michaël. Bien sûr, ce n'est qu'une feuille A4 signée et tamponnée 1er RE, et cette lettre, nous l'avons gardée par-devers nous : pour ne pas prendre le risque d'essuyer un refus face au bureau d'aide à la reconversion de la Légion étrangère, nous n'avons pas envoyé le dossier de demande d'aide. À force de chercher une solution sur Internet, et en discutant avec d'autres blessés de l'armée, nous avions compris qu'il serait peut-être plus facile de passer par la reconnaissance du statut de travailleur handicapé dans le civil. Notre formidable assistante sociale, qui nous avait déjà aidés, nous a orientés dans les démarches, notamment auprès de Cap Emploi, l'équivalent de Pôle Emploi pour les personnes handicapées. Nous avons eu la chance extraordinaire de tomber sur une autre femme compétente et humaine, qui a compris la situation de Michaël et lui a obtenu dans un temps record la Reconnaissance qualité travailleur handicapé (RQTH). Après quoi elle a pu effectuer une demande de financement de la formation auprès du Conseil régional, lequel a accepté.

Chaque matin depuis septembre 2018, Michaël part avec François suivre les cours au lycée Fonlabour, à Albi, à quarante minutes de la maison, cours qu'il révise soigneusement le soir et le week-end, quand il n'est pas en stage dans une exploitation agricole. Ses débuts lui ont apporté des motifs d'étonnement : le manque de respect des élèves vis-à-vis des profs, la rigueur approximative de certains enseignants... Rien de plus normal dans la vie civile, sans commune mesure avec la Légion où tout est carré ! Mais il a beaucoup pris sur lui pour s'entendre avec certains adultes comme lui en formation ; il propose volontiers son aide à ceux qui ont du mal à comprendre en cours, et il cherche constamment à se prouver qu'il est capable d'étudier sérieusement, de décrocher son diplôme, même s'il lui coûte terriblement de devoir rester enfermé parfois huit heures par jour dans une salle de classe...

Il fait toujours des cauchemars, il reste sur le qui-vive en permanence, je vois encore souvent son regard se perdre dans le vague des souvenirs et j'ai du mal, quelquefois, à le faire revenir à moi. Mais il s'épanouit dans ce qu'il apprend, dans ce qu'il fait, et il envisage même de mettre ses nouvelles compétences au profit de ses frères d'armes abîmés, comme lui, et que l'armée ne répare pas...

De notre côté, certains combats restent à mener dans un parcours administratif sans queue ni tête, à propos de Louvois notamment. Le groupement des femmes de militaires en colère s'est vite éparpillé. Et puis nous n'avions pas toutes la même vision du combat à mener. Le mien est apolitique ! Néanmoins, j'entends bien défendre encore et toujours les militaires blessés, et pas seulement mon mari, avec toutes les armes à ma disposition : les réseaux sociaux, ma capacité à frapper aux portes jusqu'à ce qu'elles s'ouvrent, ma volonté. Je m'y emploie en travaillant notamment pour le journal Le Conscrit, *mais aussi en accueillant la parole des blessés de guerre qui peinent tant à se faire entendre. En mai 2018, j'ai créé un groupe privé sur les réseaux sociaux, nommé ESPT – Syndrome post-traumatique Entraide et solidarité Militaires et familles. Il compte aujourd'hui plus de 270 membres, des militaires anciens ou d'active, des épouses, mais aussi un journaliste atteint du SPT, du personnel des services de santé des armées… Nous transmettons les informations qui nous concernent et qui sont quelquefois si difficiles à obtenir auprès de l'institution, nous nous entraidons et nous nous soutenons dans les démarches administratives et médicales. Objectif : reconstruction ! Philippe Chauvancy et la Fondation David-Lynch poursuivent leur travail à nos côtés : à ce jour, quatre militaires et un policier sont en cours de formation avec la fondation. Une épouse et fille de militaire qui exerce l'hypnose de manière professionnelle met ses compétences au service des blessés ; un ancien militaire est en train de se former à une méthode dérivée de l'EMDR pour aider ses camarades en souffrance...*

19

Des mots sur les maux

Aux États-Unis, les blessés de guerre sont beaucoup plus soutenus qu'en France. Les Américains ont compris l'importance de s'occuper des vétérans dans les années 1970, après le Vietnam, où les hommes avaient vécu des horreurs, où ils en avaient commis aussi, dans la cadre d'une guerre qu'ils savaient perdue d'avance et dont personne ne voulait : le souvenir de la Seconde Guerre mondiale était encore vivace, et puis c'était la grande époque des hippies... Ils étaient rentrés chez eux abîmés physiquement, parfois détruits moralement, et la société qui prônait « l'amour, pas la guerre » ne les a pas soutenus comme il aurait fallu tout de suite. Beaucoup ont littéralement pété les plombs. Alors, quand les Américains ont engagé leurs troupes en Afghanistan, au début des années 1990, ils n'ont pas renouvelé leur erreur : cette fois, ils ont pris soin de leurs blessés dès leur retour du front.

À moi, en France, en 2015, on n'a proposé que des médicaments. Ils m'ont abruti le jour sans m'aider à dormir la nuit, ils me transformaient en zombie et ils ne m'auraient certainement pas permis d'aller mieux si j'avais continué de les prendre comme le bon petit soldat que j'avais toujours été. Je ne suis pas le seul, évidemment, à avoir été « traité » de cette façon, et j'en ai vu beaucoup, des hommes placés sous camisole chimique, qui n'étaient plus que l'ombre d'eux-mêmes. Dans les couloirs de Laveran, j'ai même croisé des frères qui étaient en Afghanistan en même temps que moi. Nous ne nous sommes pas parlé : nous avions honte d'aller mal. Aux États-Unis, au contraire, les blessés se retrouvent en groupe et ils sont incités à partager leurs souvenirs, les bons comme les mauvais. Mettre des mots sur les maux les aide. Les structures d'accueil des vétérans, en Amérique, sont nombreuses et les activités qu'on y propose sont variées, elles ne se limitent pas au sport, comme chez nous : on m'a suggéré, dans le cadre de mes soins, de participer à des stages de remise en forme physique. Je ne dis pas que ça ne peut pas fonctionner, pour certains... Mais personne n'a pensé qu'après vingt ans à courir sous les aboiements d'un chef, je n'avais plus qu'une envie : me poser, dans le silence, ralentir le rythme plutôt qu'accélérer.

Je vais un peu mieux maintenant. J'ai des rechutes, des baisses de moral, des nuits hantées de cauchemars, quand j'oublie trop longtemps de faire mes exercices de méditation notamment : au bout de quelques semaines, je me dérègle à nouveau, mes angoisses remontent à la surface et je n'arrive plus à les chasser. Mais globalement, je vais quand même mieux. C'est d'abord grâce à Mercédès, grâce au soutien qu'elle m'a apporté pendant toutes ces années, et pour lequel je ne la remercierai jamais assez. C'est aussi grâce à la nature. Lorsque nous nous sommes installés dans notre maison à la campagne, près de Castres, j'ai ressenti immédiatement un apaisement. Au début, il était très léger, et je ne l'éprouvais que lorsque je regardais les oiseaux qui s'envolaient d'une branche à une autre. Ils disparaissaient, ils revenaient, je ne pouvais pas anticiper leurs mouvements, ils n'appartenaient qu'à eux-mêmes, ils étaient libres de circuler et de pépier dans un environnement que l'homme n'avait pas touché. Je les enviais. Et puis un jour, j'ai acheté quelques sachets de graines que j'ai mises à germer : des tomates, des courgettes, des salades. J'ai organisé mes semis dans des petits pots de plastique, et j'ai attendu qu'un brin de verdure apparaisse. Chaque jour, je les arrosais, un peu, pas trop, juste ce qu'il fallait. Je n'étais pas pour rien dans le petit miracle qui s'accomplissait sous mes yeux, et ça me rendait fier. Dans le jardin, je me suis servi de mes mains, comme je m'en étais servi dans la Légion, en saisissant des outils. J'ai retourné la terre, j'ai tendu des fils avec méthode pour délimiter des allées, j'ai créé un potager. Dans l'état de fatigue et d'abattement où j'étais, l'effort physique me paraissait intense, peut-être plus que celui que je fournissais lors d'une longue marche ou quand il fallait ramper sur un sol boueux. J'avais des courbatures à la fin de la journée, mais je ne les regrettais pas. J'ai fabriqué des citernes dans lesquelles j'ai récupéré l'eau du ciel. Quand il pleuvait, je ne me plaignais pas parce qu'aller marcher devenait moins agréable : j'appréciais que les réserves se remplissent pour les mois plus secs qui viendraient. Chaque minute qui passait avait son utilité. Même si je me sentais mal, même si les images du passé me harcelaient encore, chaque minute servait à faire pousser mes légumes : ce n'étaient peut-être que des tomates et des salades, mais j'y voyais la vie qui prenait le dessus sur le malheur, j'y voyais l'œuvre réparatrice du temps ; il me semblait que le temps travaillait pour moi aussi.

Aux États-Unis, les blessés de guerre ont la possibilité de faire des séjours dans des fermes thérapeutiques où ils renouent contact avec la nature, avec la terre qui est fertile, avec les animaux qui ne trichent pas, et il est reconnu que cela leur fait le plus grand bien. J'aimerais créer une structure équivalente en France, et c'est pour cela que j'ai suivi une formation d'exploitant agricole. Je veux ouvrir un lieu où les blessés de l'armée française pourront venir se ressourcer dans le calme, loin de l'agitation des villes, dans un environnement sain où l'on se sent à l'abri de tout danger. Où ils pourront prendre leurs repas ensemble, partager les fruits et les légumes qu'ils auront fait pousser, le fromage qu'ils auront produit, et se soutenir mutuellement. Je suis sûr que la parole s'échange plus facilement entre personnes qui ont connu les mêmes traumatismes. Mais je sais aussi qu'il n'est même pas nécessaire de parler, parfois, pour se comprendre. L'important est de se sentir accueilli, sans jugement, et mis en valeur parce qu'on possède des compétences et qu'on les met au profit du groupe. Quand on quitte l'armée parce qu'on n'est plus en mesure d'y servir à quelque chose, on se sent tellement inutile, on a vite fait de penser qu'on n'a plus la moindre valeur, et qu'on pourrait tout aussi bien disparaître de la surface de la terre. Je n'emploie pas cette expression au hasard : « la surface de la terre ». Par le travail de la terre, en profondeur, chacun de nous peut éprouver dans sa chair que son existence n'est pas vaine. Quoi qu'on ait vécu, et quelles que soient les séquelles que l'on porte en soi, chacun de nous peut trouver un apaisement au contact de la nature… Et de ses frères. Quand je rechute, quand je suis paralysé par la peur à nouveau, quand les idées noires me submergent, je vais marcher sous les arbres avec mes chiens, j'écoute le bruit des feuilles dans le vent, j'inspecte mon potager, et je sens qu'un peu d'espoir renaît.

JE NE POURRAI PAS CRÉER la ferme thérapeutique dont je rêve pour mes frères sans le concours de l'armée.

Je ne possède rien, sinon ma bonne volonté et mes compétences toutes fraîches en matière d'agriculture. L'État possède des terres et des ressources. Il faudrait du personnel administratif, des psys, du matériel aussi. J'espère que mon témoignage dans ce livre, associé à tous les témoignages de mes frères blessés, comme ceux que recueille Mercédès, convaincront les plus hautes instances du pays qu'il est nécessaire d'offrir aux militaires en difficulté des lieux comme celui que j'imagine. Mercédès continue à me soutenir, comme elle continue à soutenir et aider désormais tant d'hommes et leurs familles, dans son collectif. Tous lui racontent leur parcours, qu'elle comprend bien parce qu'elle a vu, au fil des ans, les dégâts à retardement que causent dans un esprit les traumatismes de guerre. Elle a aussi repris un travail de son côté qui la passionne, en tant que rédactrice en chef d'un journal indépendant qui informe et soutient tous les militaires français et leurs familles. Durant ces dernières années elle m'a porté, aidé chaque jour, sans faillir au prix d'inquiétudes et de chagrins, à s'en oublier elle-même ! Le SPT et ses séquelles m'appartiennent, à moi, elle en a porté plus que sa part, et il est temps qu'elle vive à nouveau pleinement sa vie de femme. Je me reproche de ne pas l'avoir rendue heureuse ces dernières années ; elle ne me le reproche pas : c'est parce que j'étais – parce que je reste – malade, que je ne peux plus être l'homme joyeux qu'elle avait rencontré à Mayotte. Quant à moi j'ai besoin de porter un projet seul, de me prouver que je peux encore être utile aux autres, que j'ai les compétences pour cela et toujours le cœur bien accroché. Ainsi va la vie lorsque le trio formé avec le SPT ronge inlassablement l'amour d'un couple…

Je me suis engagé dans la Légion, je l'ai dit, pour devenir un mec bien. J'ai donné du sens à mon parcours de légionnaire du rang en expliquant que je pouvais rendre service à mes frères en restant à leurs côtés, alors que le grade isole de la base. J'aimerais maintenant croire que je peux transformer ce que j'ai vécu en Afghanistan en mettant mon expérience au profit d'autres militaires comme moi. En fait, je pense que c'est tous ensemble que nous pourrons faire évoluer les mentalités, en relevant la tête et en affirmant que non, nous n'avons aucune raison d'avoir honte, et toutes les raisons au contraire de demander à être soutenus par l'institution qui fut ma famille durant vingt-deux ans, notre ministère, et au-delà... Parce que nous méritons le respect. Parce que nous sommes dévoués à notre pays. Parce que nous sommes plus que de bons petits soldats : nous sommes des gens bien.

Table

Cet ouvrage a été mis en page par IGS-CP
à L'Isle-d'Espagnac (16)

CET OUVRAGE
A ÉTÉ ACHEVÉ D'IMPRIMER
SUR ROTO-PAGE
PAR L'IMPRIMERIE FLOCH
À MAYENNE EN FÉVRIER 2019

N° d'édition : L.01EHBN001005.N001. N° d'impression : 93976
Dépôt légal : mars 2019
(Imprimé en France)